監修者――佐藤次高／木村靖二／岸本美緒

［カバー表写真］
耕穫図
（北京故宮博物館蔵）

［カバー裏写真］
壁画、豪族の農耕経営
（内蒙古博物館蔵）

［扉写真］
四合院に迫る近代的建築

世界史リブレット87

中国史のなかの家族

Iio Hideyuki
飯尾秀幸

目次

歴史学は家族をどうとらえるか

　家族とはなにかという問いにたいして、家族の絆を思い、そのかけがえのなさを答えとすることは多い。今日でも事件・事故に巻き込まれた人の家族のなげき悲しむ姿に私たちは家族愛の深さを知り、また家族内での殺人・虐待のニュースは通常の事件以上に私たちを驚愕させる。これらは、あるべき家族像が私たちのなかにあることによって引き起こされる特別な感情であろう。子は親の愛を受け、また親となった子はその子に愛をそそぐ。この世代間における愛情の伝達こそ家族がもっている最大の機能といってもよい。

　では現在、私たちがもつこうした家族像は、人類が誕生して以来ずっといだきつづけられてきたものなのだろうか。この問いにたいする答えはじつはそれ

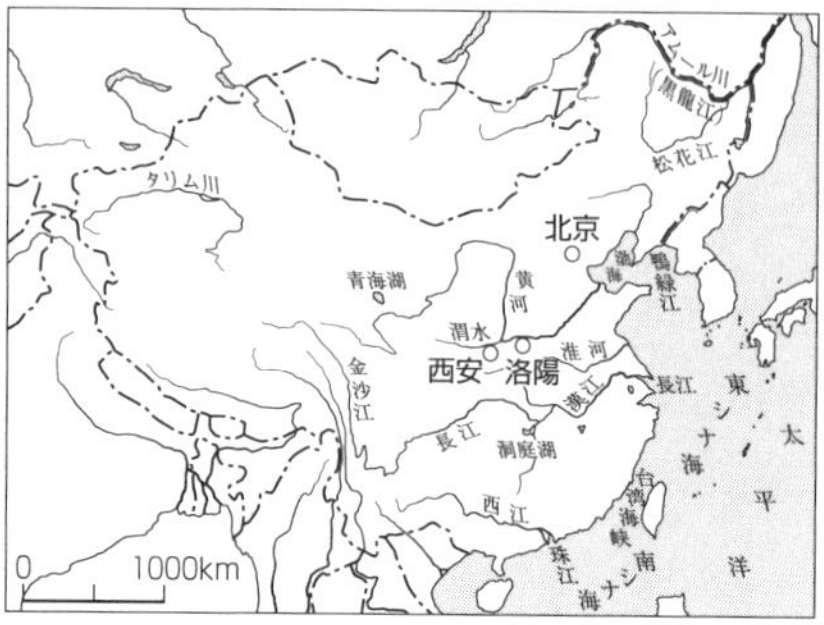

中国全図　本書では黄河中下流域の地域を主たる対象とする。

ほど容易ではない。たしかに人間は生まれてから直立歩行するまでにも、ほぼ一年という歳月が必要であり、この間、授乳を含め、多くの愛情によってはぐくまれる。それは太古以来の人類共通のものである。しかし現代にいたるまでの家族をその延長でとらえられるだろうか。例えば、戦前までの日本社会に存在した家制度では、家父長権が強く、家父長は婚姻の自由、職業選択の自由などへ重大な影響力を行使した。そのなかで家族内の愛は疑うべくもないが、社会のなかでこうした家族のおかれていた位置や、家父長と家族員の関係などは、家族のあり方に大きな影響を与えていたはずである。したがって家族を歴史のなかでとらえるには、そのときどきの社会あるいは国家支配のなかに家族を位置づける必要があるのである。

とくに中国の場合、国家段階においては国家権力が背景となって家族制度を成立させ、維持させていたという側面をもった。また中国の家族における均分相続制は、例えば日本における本家・分家体制によって家を永続化させることとは異なった特徴をもっていた。つまり時間と地域によって、家族はそのあり方を変えるのである。歴史学で家族をとらえるとは、そういう家族の特徴とその変容過程とを時代のなかに見出すことである。

　本書では、そうした家族の特徴とその変容の過程を見出すために、居住単位としての家族、婚姻単位としての家族、経済単位としての家族という三つの家族を議論したいと考えている。歴史的に振り返ると、もともとこれら三つの家族は、それぞれ別々に存在していた。別のものを同じ家族という語で使用するのはまぎらわしいかもしれない。しかし、その三者は、いずれも家族の要素なのであって、本書が三者に家族の語を使用するのはそのためである。居住単位としての家族は小型家屋に父・母・子で暮すという家族形態をとる。ただその形態は一般的には、今日まで変わっていない。それにたいして、ほかの婚姻単位としての家族や経済単位としての家族は、当初いずれもその小型家屋をこえた集団で、時代や社会、国家によってその姿を変容させる。それらは、やがて一つの家族、すなわち居住単位としての家族に合一するのだが、それがいかなる過程をへて、いつごろ実現するのか。それを本書で論じていきたい。

　なお本書は後漢時代までを対象としている。それは家族の合一する過程が、中国における家族の歴史の展開にとって重要な問題であると考えるからである。

中国史関連年表

前一〇〇〇〇頃	農業開始
前五〇〇〇頃	仰韶文化（半坡類型文化）興る
前三五〇〇頃	仰韶後期文化興る
前二五〇〇頃	龍山文化興る
前二〇〇〇頃	青銅器時代に入る
前一六〇〇頃	殷王の時代始まる
前一一〇〇頃	周王の時代始まる
前七七〇	春秋時代始まる
前五五二頃	孔子誕生
前四〇三	戦国時代始まる
前三五九	秦で商鞅変法始まる
前二二一	秦の始皇帝による中国統一
前二〇二	劉邦による前漢王朝樹立
前一四一	武帝即位
後九	王莽による帝位簒奪
後二五	光武帝による後漢王朝樹立
後二二〇	曹丕による魏王朝樹立

①—婚姻単位としての家族

婚姻単位としての家族が、居住単位としての家族と一致していない。このことは、歴史的に両者が一致したあとの時代である現代からみれば奇異に思われるかもしれない。そのため、まずその両者の違いを具体的に示す資料の提供から始めよう。それは新石器時代にあたる仰韶《ぎょうしょう》文化▲期の集落に見出すことができる。

仰韶文化期の集落

黄河中流域の仰韶文化早期を半坡《はんぱ》類型文化と呼ぶことがあるが、その名は紀元前四五〇〇年ころの遺跡である半坡の集落遺跡に由来している。ここからは、多数の半地下式住居（竪穴式住居）、および炉や生活・生産用具、彩陶▲や粟も発見されたため、半坡は当時の農耕民の居住形態を知るための貴重な遺跡となっている。この集落遺跡は全体が発掘されてはいないが、ほかにも住居をかこむ溝の一部が発見された。それらをもとにこの集落全体は、直径二五〇メートル、深さ・幅が六〜八メートルの円形の溝と、その内部にあるおよそ二五〇の住居

▼**仰韶文化**　前五〇〇〇〜前三〇〇〇年ころ、黄河流域に小集落を中心に形成された新石器時代前期の文化で彩陶を特徴とする。文化名は河南省澠池（めんち）県仰韶村ではじめて発見されたため。

▼**彩陶**　新石器時代前期の仰韶文化を代表する土器。赤焼きの土器に黒色でほどこされた動物や幾何学的な文様を特徴としている。類似の土器として西アジアの彩文土器があるが、その関係は明らかではない。図は姜寨出土のもの。

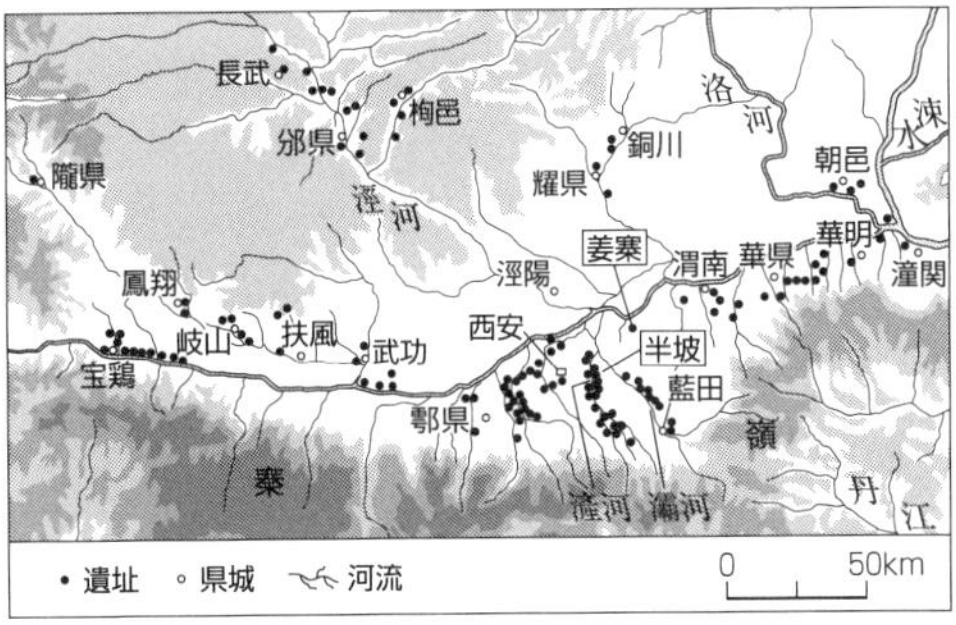

半坡遺跡と姜寨遺跡

によって構成されていたものとされ、一住居にはその面積などから四人前後が居住するものと考えられ、人口は数百から一〇〇〇人規模であったと推定された。ただ現在までのところ、この遺跡からは、炉を備えた半地下式住居に親子四〜五人が寝食をともに居住するという、居住単位としての家族の姿は想定できるが、婚姻単位、さらには経済単位としての家族がどの範囲であるのかを考える資料は提供されていない。

それを考える資料を提供するものとして、半坡から二〇キロ北東に離れた姜《きょう》寨《さい》で発見された同時期の集落遺跡をあげることができる。ここは集落のほぼ全域が発掘され、集落の構造を明らかにしうる貴重な遺跡となっている。この集落全体は、深さ・幅とも一〜二メートルの溝でかこまれた、直径一七〇メートルほどの円形をしている。その点では、溝の半径・深さ・幅ともに半坡の集落よりも規模は小さい。この円形の溝に設けられた複数の出入り口は、現在三カ所発見されているが、そこにはそれぞれ見張り台があった。また集落内部の中央には広場があって、それを取り囲むようにして半地下式住居が点在し、住居の出入り口はすべて広場に向かっていた。その広場には家畜をかこった施設跡

姜寨集落復元図

もあり、また溝の外には現在三カ所の墓葬群が発見されている。川沿いには陶器の窯跡なども発見され、出土品からは農耕、狩猟・漁撈、採集や家畜の存在する当時の生活状況がうかがえる。

しかしこの姜寨の集落遺跡でもっとも重要な特徴は、溝のなかの住居がいくつかの群に区分されていて、その群の数が五であるという点である。左の集落分布図をみれば、五つの住居群のかたまりがあり、隣接する住居群とのあいだには住居が建てられた痕跡のない空間が存在することが確認できるであろう。その各住居群は、一つの大型家屋と一〇～二〇の小型家屋からなるというほぼ等しい構造をもっていて、大小の家屋はいずれもその出入り口を広場に向けているという特徴をもっていた。また炉や生活・生産用具が出土した各小型家屋からは、半坡と同様にそこで寝食をともにする四～五人の居住単位としての家族が想定される。一方、各群の大型家屋からは生活・生産用具が発見されないため、それは居住以外の、おそらくは共同で使用された施設と考えられている。

これらの特徴をもった姜寨の集落は三〇〇年近くのあいだいとなまれたと推測されているが、そのあいだ、住居の建替えなどの変遷はあったものの、その

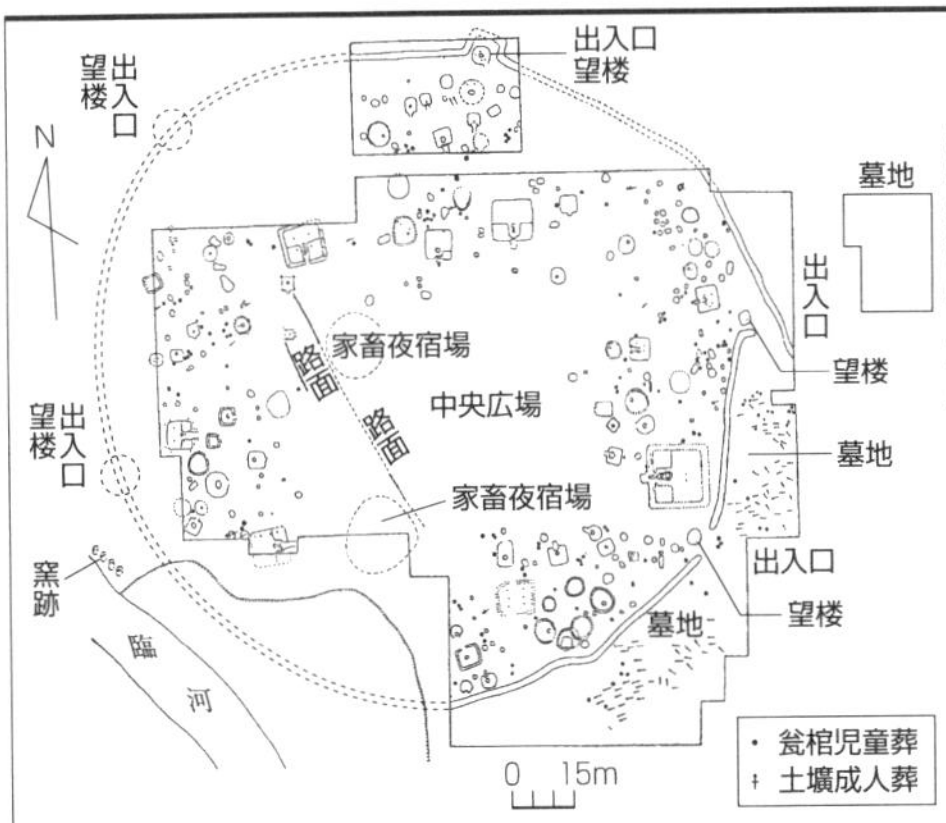

姜寨集落遺跡分布図

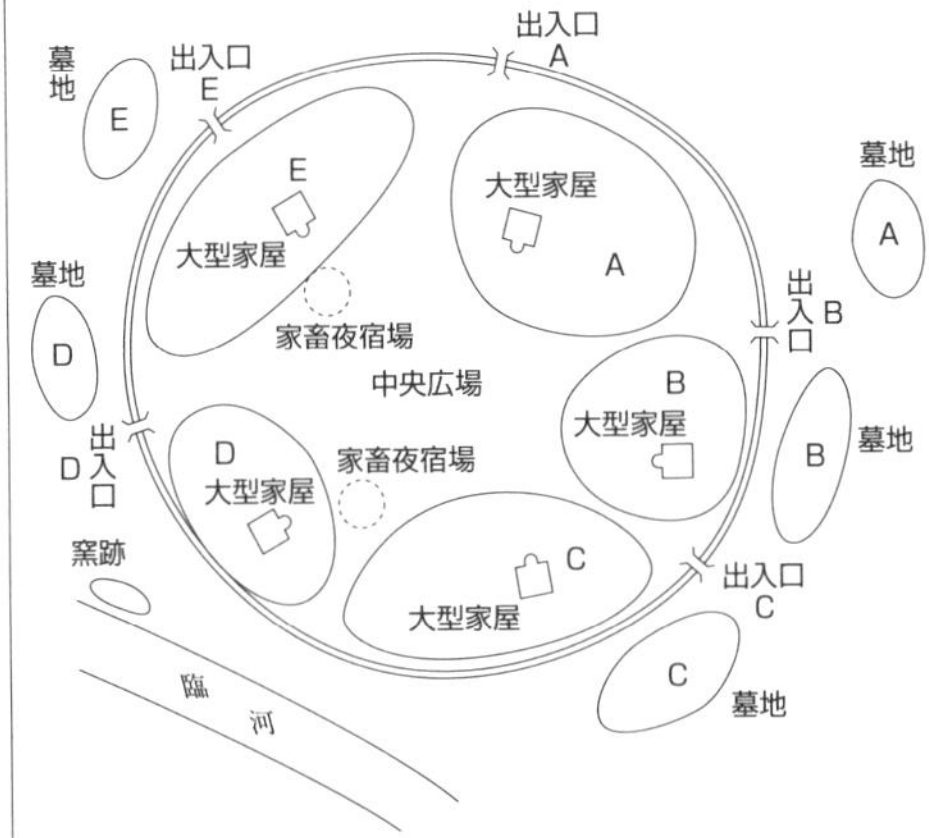

姜寨集落概念図

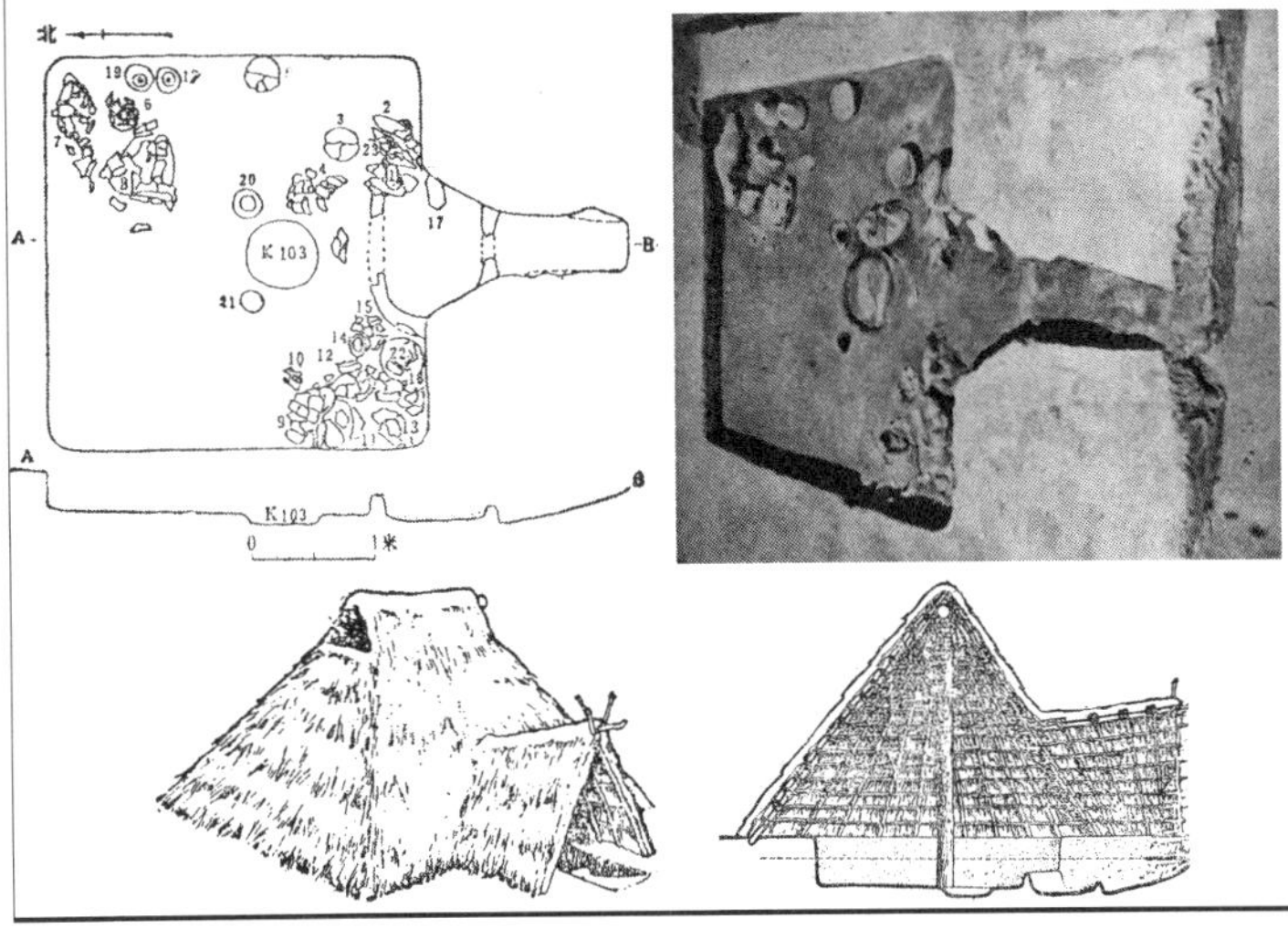

姜寨集落遺跡小型家屋の復元

住居群がまざり合うことはいっさいなく、絶えず明確に五つに区分されていて、居住形態にも変化がなかった。このように意識的に集落内部を五単位に区別するという特徴からみれば、現在三カ所が発見されている集落の出入り口や見張り台、さらにはこれも現在三カ所が発見されている墓葬群も、いずれも本来は五つあったと推定してもよいであろう。とすれば、当時、生存時にも、そして死後にも、この五という数字によってこの集落は規制されていることになる。

当時この集落に居住していた人びとにとって、五という単位はなにを意味していたのであろうか。この居住単位としての家族をこえた集団はなにか。それが婚姻単位、さらには経済単位としての家族の範囲とどうかかわるのか。姜寨の集落遺跡から生じたこの問いにたいして、文化人類学の成果を参照することで、一つの仮説を導き出すことにしよう。

集落の構造と婚姻の形態との関連

レヴィ＝ストロース▲は、二十世紀前半にブラジル内陸部に居住していたボロロ族・シェレンテ族などの調査から、一般的な集落の構造とそこに示された意

▼**レヴィ＝ストロース**（一九〇八〜二〇〇九）　フランスの人類学者。アメリカ大陸などの婚姻制度や親族呼称、神話などを構造的に分析し、それの定式化を提唱した構造主義の代表的存在。

ボロロ族の集落概念図

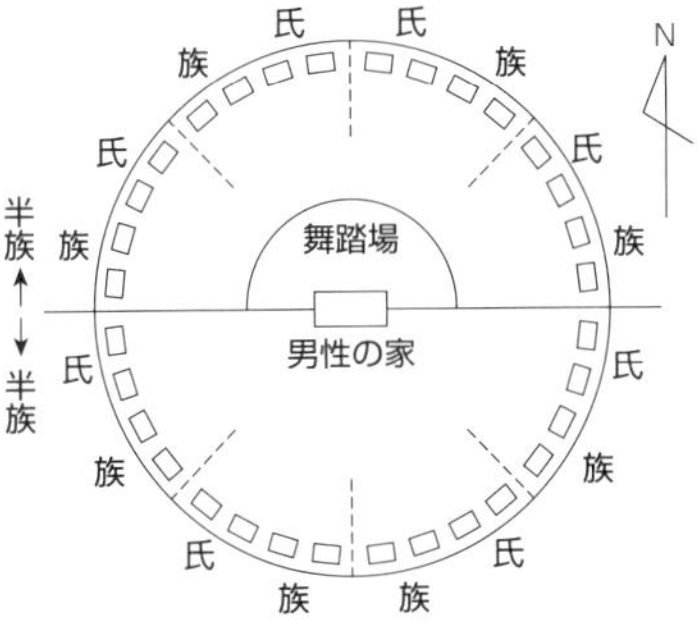

味を明らかにした。

　両族の集落は同じような構造をとるが、いまボロロ族の例で示せば、上図のような円形をしている。ただこの円には、半坡や姜寨のような溝は存在しない。円の外は森林の縁となり、その円周上に夫・妻・子からなる家族が居住する家屋が並ぶ。またその集落の円は東西の線を境として南北に二分され、その南北の集団のおのおのはそれぞれ四つに区分されている。集落の中央には「男性の家」と呼ばれる建物があり、男性のみが利用する住居・集会所となっている。ボロロ族の場合は既婚・未婚を問わず、シェレンテ族の場合は未婚のみが利用するものとなっていた。またその北側には舞踏場が隣接している。

　こうした構造をもった集落における調査によって、つぎのような集落構造と婚姻関係との関連性が明らかにされた。それは、両族ともその集落内部で婚姻が完結する、つまりは集落外の人とは婚姻しないという内婚制を原則としてとっていたこと、また南北に区別された二つの半族は外婚単位となっていて、半族内部での婚姻が禁止され、両半族間でのみ婚姻が認められるという婚姻制度をとっていたことなどである。すなわち東西の線で南北に集落を二分し、外婚単位を明確化するという集落は、近親婚禁忌のための婚姻制度の存在と密接に関連し、それを表面的にもわかるような構造をとっていたと解釈することができる。もっとも、この東西の線で南北に集落を二分することは、時代の推移とともに擬制的な存在へと移行し、やがては後述する氏族が実質的な外婚単位になっていたともいう。さらにこの制度のなかで、集落中央の「男性の家」は、婚姻のときなどには女性にも利用され、舞踏場とともに婚姻へとつながる男女の出会いの場としての意味ももっていた。

また、二つの半族はそれぞれ四つに区分されていたが、そのおのおのが氏族を形成していた。一般的に狩猟に従事する男性、農耕に従事する女性というような男女間の分業が展開している社会にあっては、婚姻後の夫婦の居住形態には、妻が夫の氏族のもとに赴く夫方居住と、夫が妻の氏族のもとに赴く妻方居住とが存在するが、このブラジルの諸集落ではその両形態を併存させていた。どちらの居住形態をとるかは居住する予定の氏族の労働力状況によって決定されていたのである。つまり氏族内で男性労働が女性労働よりも相対的に不足している場合は、男性がその氏族にとどまり妻をむかえる(夫方居住)、もしくは夫となる男性を妻の氏族がむかえいれる(妻方居住)形態を、その逆ならばその逆の形態を選択することになる。

二つの半族がおのおの四つの氏族に区分されているこの集落構造の場合では、集落の円周上に存在する家屋をいくつか集めて形成されていた氏族が、それぞれ同一半族内に存在する異なった経済単位となっていたのである。この場合、経済単位としての氏族の影響力の強さが、半族を擬制的な外婚単位に、そして自らを経済単位として、かつ外婚単位に変容させていた。

したがってボロロ族・シェレンテ族の両集落とも、集落全体が内婚制をとる種族を形成していて、その集落内に外婚単位となる半族が二つあり、その半族の内部はそれぞれ四つの氏族によって構成され、各氏族には家族が居住する複数の家屋が存在するという構造をもっていた。もしすでに半族が擬制的な外婚単位となっていたとすれば、氏族が実質的な外婚単位ということになる。したがって本源的には、家屋が居住単位としての家族、氏族が経済単位としての家族、半族が婚姻単位としての家族といったそれぞれの家族の存在を、集落の構造が可視的な区分でもってあざやかに示していたことになる。もちろん集落内部では、半族間の婚姻制度という規制のなかにあっても、半族の枠をこえた氏族間をつうじての経済関係が結ばれるなど複雑な社会的な関係も成立していた。しかし婚姻単位ないしは経済単位と、居住単位としての集団(本書ではそれをそれぞれ家族としている)とは、それぞれ別個に存在していたことが注目される。

仰韶文化期の集落構造からみた家族

ごく一部のしかも簡略な紹介ではあったが、ここに取り上げた集落構造と婚姻制度の関連性を追究した文化人類学の成果から、あらためて姜寨の集落構造の意味を考えてみよう。

姜寨の集落遺跡の特徴は、溝で円形にかこまれた集落において、集落内部という生の世界では住居群、集落の出入り口、見張り台がともに五つ存在し、また集落外部にある死の世界では墓葬群が五つに区分されているという点にあった。この厳密に五群に区分された集落構造の意味を、近親婚を忌避するという婚姻制度によって読み解くとつぎのようになる。

姜寨の集落遺跡は、集落全体で婚姻が完結する内婚制をとり、集落内部を五つに区分する住居群がそのおのおのを外婚単位とする婚姻制度を、集落の姿として構造化したものであった。ボロロ族やシェレンテ族の諸集団の名称に従えば、この集落全体で一つの種族が形成され、そのなかに五つの氏族が外婚単位として存在していたことになる。ただ種族・氏族・家屋に区別された構造をとっていた姜寨の集落は、少なくとも擬制的とはいえ表面的には外婚単位として存在する半族をいれれば、種族・半族・氏族・家屋に区別されていたブラジルの集落とは構造が異なっている。しかしいま姜寨の集落構造をさきに掲げた概念図で説明すれば、原則として一つの氏族で形成される住居群Aの未婚者は、同一氏族内での婚姻が近親婚として忌避され、A以外のほかの外婚単位としての氏族が形成する住居群B～Eのなかの未婚者とのあいだで婚姻を成立させるということになる。そのさい、夫方居住、もしくは妻方居住のどちらの居住形態が選択されていたかはいまは不明といわざるをえないが、婚姻後はどちらかの住居群にある小型家屋に夫妻が同居し寝食をともにしたものと考えられる。

また各住居群にそれぞれ一つ存在した大型家屋は、氏族員が居住する場ではなく、氏族内の共同利用施設として機能し、それは婚姻のさいにも利用されていたものと思われる。例えば、住居群Aの大型家屋にAの未婚男性が集合し、そこにほかの四つの住居群の未婚女性がはいることで婚姻が成立するなどの制度が原則として想像される。この原則は、あるいは現実にはもはや儀式的であったにせよ、確実に近親婚、すなわち同一氏族内での婚姻を忌避できる方法となる。

では経済単位の範囲はどこか。生の世界ばかりでなく、死後の世界である墓葬も氏族ごとに区別されていたとすると、それは氏族の結びつきが極めて強いことを示している。そのため氏族が、婚姻単位のみでなく農業といった生産上の単位としても考えられるが、一方で集落中央の広場にある家畜をかこむ施設や集落外の陶器の窯などの存在は、氏族をこえた集落全体、すなわち種族を経済単位として位置づけられるのではないかとの解釈も可能としている。また氏族内部で小型家屋がいくつか集まって経済単位を形成していたとの推測もありえる。したがってこの資料のみでは経済単位の範囲はいまだ判断できない。

姜寨と半坡という二つの同時期にあらわれた集落遺跡の共通性をみれば、黄河中流域では、同じ構造をもった集落が多数点在していたとの想定も可能である。もちろん集落間相互の交流も存在していたであろう。あるいは、こうした集落間交通が存在するのだから、集落間の通婚もあるとして、集落全体で内婚制をとるとの解釈を否定する考えもありえよう。ただそうなると、集落内外での厳格な区分の意味が説明できない。

　以上より、仰韶文化期における集落構造からみた家族については、半地下式小型家屋に夫・妻・子などが居住し寝食をともにする居住単位としての家族と、それを集めて氏族として住居群を形成する婚姻単位としての家族とが区別されて存在していたことを一つの仮説としてあげることができた。

　その後、仰韶文化の後期になると、華北においては、集落内部においてほかの集落構成員とは区別された首長層が出現する。あるいはまた、いくつかの集落のあいだで、相対的に規模の大きな集落とそれに従属する集落といった累層的構造(族邑▲—属邑)をもった地域的結合が出現した。さらにそうした地域間では、さらなる地域と地域とを統合する方向へと社会を変容させていった。龍山《りゅうざん》文化▲期の黄河流域の社会の基本構造も、この流れのなかにあった。しかしそのなかでも寝食をともにする居住単位としての家族は、半地下式の小型家屋の存

▼邑　仰韶文化期からの集落、都市などにたいする呼称。溝あるいは土壁にかこまれている。これらの集落がしだいに累層的に集められ、やがて殷(いん)・周の王権の社会構造になっていく。

▼龍山文化　前二五〇〇〜前二〇〇〇年ころ、黄河中・下流域に広く分布する新石器時代後期の文化。黒陶を代表とする山東龍山文化と、仰韶文化から展開した黄河中流域の龍山文化に大別される。

続とともに、ほとんど変化することなく推移している。では婚姻単位としての家族について、その変化は存在したのだろうか。それを殷《いん》代へと時代をくだらせてつぎに検討してみよう。

殷の王族集団

近年、夏《か》▲王朝の実在を疑う学説は少なくなっているが、現在までのところ中国最古の王朝はいまなお殷▲とされている。ここで王朝というのは、いうまでもなく王位を独占し、それを世襲的に継承する王家という存在を前提にしている。そのため殷代において家族を考える場合には、この王家をまず考察の対象にして検討する必要がある。またそれには、一般の人びとを対象として家族を論じることがこの時代にかんする史・資料の問題で困難な状況にあり、王を対象とせざるをえないという側面も存在しているためである。

『史記』▲殷本紀の記事からは、殷代の王名・即位順・世代関係（父子か兄弟か）を抽出すれば容易に王位継承図、つまり王室世系図を描くことができる。それは『史記』が、王家の存在を前提として、王位を父子間もしくは兄弟間で

▼夏　禹（う）を始祖とする中国の最古の王朝で、前一六〇〇年ころ、桀（けつ）王のとき殷に滅ぼされたといわれる。前二〇〇〇年ころ中国が青銅器時代にはいったころの王朝とされるが、従来はその実在を疑問視していた。現在は、いまだ証明されてはいないが実在の可能性が考古学的に論じられるようになっている。

▼殷（前十七〜前十一世紀頃）　実在を確認できる中国最古の王朝。商ともいう。殷の前期から中期には黄河の南で遷都を繰り返し、後期になって黄河の北の殷墟に遷都した。高度に発達した青銅器文化と、占いのことばを記録した甲骨文字を残した。周辺諸族とはゆるやかな統属関係を結んでいた。

▼『史記』　前漢、前一世紀ころ司馬遷（しばせん）によって著された。全一三〇巻で、伝説の五帝時代から前漢武帝時代の前半までの通史。王朝の歴史（本紀）、個人の伝記（列伝）のほか諸侯の履歴（世家）や儀式・制度を整理した書を別立てにした紀伝体という形式で記述した。

継承されたものとして記述されているためである。紀元前一世紀ころに『史記』を完成させた司馬遷《しばせん》▲はもとより、彼が参照したであろう諸史料も、王朝として存在するかぎりは、王位もしくは皇帝位の継承は世襲を前提とするものと考えていたからである。

　殷の実在を証明するうえで最大の根拠となったものは甲骨文《こうこつぶん》▲である。ただ甲骨文の大部分は断片的な占いの文章で、しかも発見当初の甲骨片の散逸という状況もあって、その編年研究は困難を極めた。しかし甲骨文にあらわれる、貞《てい》人《じん》(一三頁参照)と呼ばれる職業氏族の存在や、先代の王への呼称から推測される各王間の世代関係に着目することなどによって、編年研究は飛躍的に進展し、ついに王名・即位順・世代関係が甲骨文研究からも明らかにされた。そうなると、これも王家が存在したとの前提に立てば、容易に王室世系図を描くことが可能となる。そしてそれが『史記』の系譜とほぼ合致した。そのために殷王朝の実在は確たるものとなり、『史記』への信頼もすこぶるますことになった。

　しかし松丸道雄らの研究によって、この世系図に疑問が提出された。それは王位が実の父子間、あるいは兄弟間で本当に継承されていたのかという問いが

▼司馬遷（前一三五頃〜前九三頃）　前漢時代の歴史家。父の談の遺言を守り歴史編纂に励み、李陵事件で武帝を批判して宮刑に処せられても、それにたえ『史記』を完成させた。

▼甲骨文　殷代後期に占いのことばを亀の腹甲や牛の肩胛骨（けんこうこつ）などに刻んでいたため、甲骨文と呼ばれる。占いという神である帝への問いかけ文をその内容とし、日々の吉凶などあらゆるものを王は占っていた。図は河南省安陽市殷墟出土のもの。

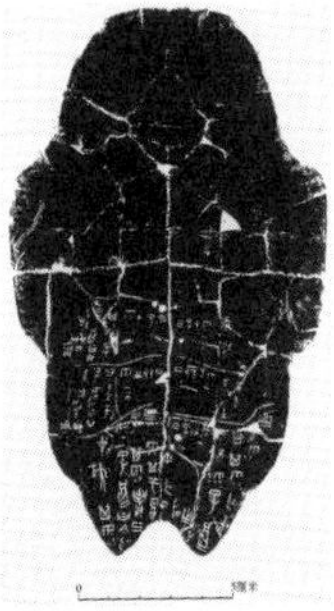

契機となっていた。そのときに注目されたものが、死後の諡号《しごう》である王名・妣《ひ》名《めい》にみえる十干《じっかん》である。十干とは、そもそもは殷代では一〇個あったと信じられていた太陽の名として使用されていた文字であった。太陽が一〇個あったという宇宙観の存在は、四川省三星堆《さんせいたい》で出土した青銅製神樹が、一〇個の太陽が集まっている扶桑《ふそう》を象《かたど》ったものとの解釈が可能であることからも証明できるし、日付が十干・十二支▲でもって表記されるのも、十干のなかの一つで名づけられた太陽が天空にでていることを表現したものであるとの解釈もそれを裏づける。日付が中国起源の十干とバビロニア起源の十二支の組合せとなったのは、それによって表記の種類を一〇から六〇にふやし、二カ月分の日付表記を可能とするためであった。

一方、仰韶文化の後期以降に展開された、大きな集落に小さな集落が従属するという累層的な構造は各地域に出現した。殷もその延長線上にあって、そうした累層的な構造（族邑―属邑）をもったいくつかの集団が結集することで成立した王権であると理解されている。この集団は殷という大きな組織に結集したのちも、それぞれ個別に存在し一つの王族集団を形成することになる。

▼十干・十二支　中国起源の十干（甲・乙・丙・丁・戊・己・庚・辛・壬・癸）と、バビロニア起源の十二支（子・丑・寅・卯・辰・巳・午・未・申・酉・戌・亥）によって日付が表記された。のちに年表記にもなった。十干は序数、十二支は干支（えと）としても使用されている。

●『史記』殷本紀にもとづく殷王室世系

一帝嚳—二契—三昭明—四相土—五昌若—六曹圉—七冥—八振—九微—十報丁—十一報乙—十二報丙—十三主壬—十四主癸

1天乙(成湯)—(太丁)—4太甲(太宗)—6太庚—7小甲
2外丙
3中壬
5沃丁
8雍己
9太戊(中宗)—10中丁—13祖乙—14祖辛—16祖丁
11外壬
12河亶甲
15沃甲—17南庚
18陽甲
19盤庚
20小辛
21小乙—22武丁—(祖己)
23祖庚
24祖甲—25廩辛
26庚丁—27武乙—28太丁—29帝乙—30帝辛(紂)

●甲骨文による殷王室世系

一上甲—二報乙—三報丙—四報丁—五示壬—六示癸

1大乙(唐)—〔2大丁〕—3大甲—5大庚—7大戊—9中丁—12祖乙—13祖辛—15祖丁
4卜丙
6小甲
8呂己
10卜壬
11戔甲
14羌甲—16南庚
17虎甲
18般庚
19小辛
20小乙—21武丁—〔22祖己〕
23祖庚
24祖甲—25廩辛
26康丁—27武乙—28文武丁—29(父乙)—30(帝辛)

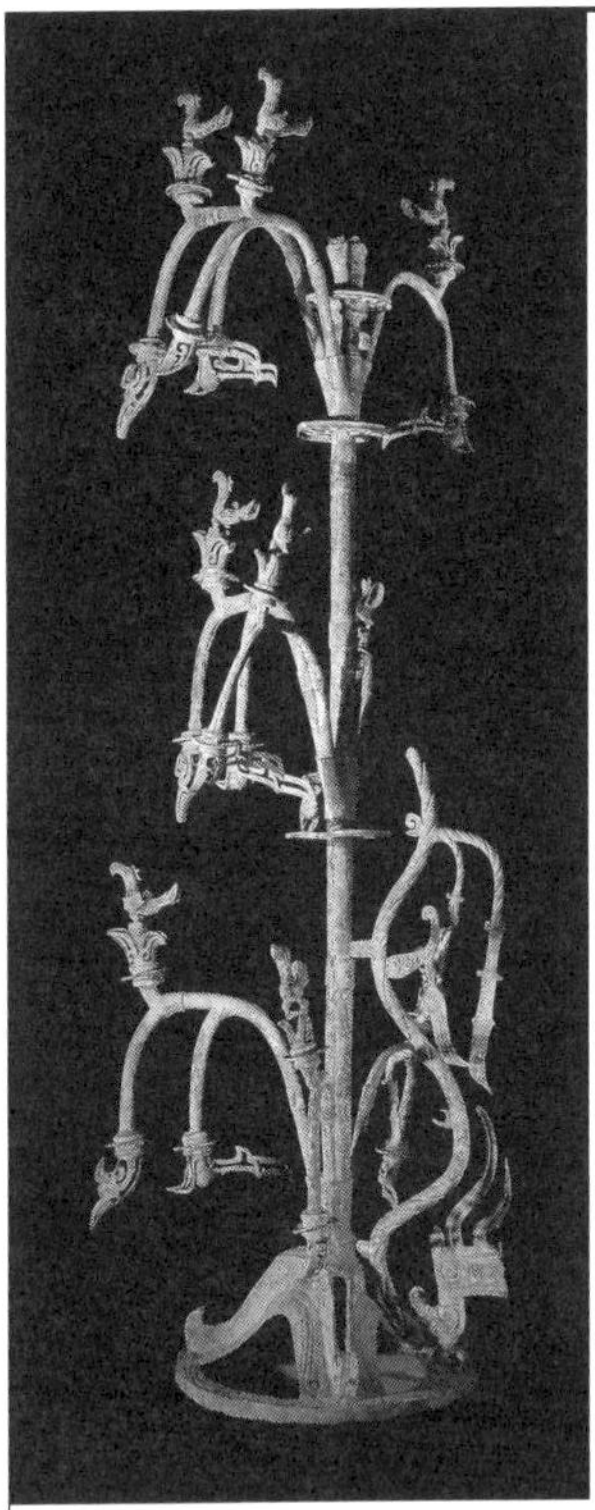

●三星堆出土の青銅製神樹　これは、東の海上にあって、一〇個の太陽が沐浴する木である扶桑を造形したもの。一本の幹にある九本の枝には、烏がとまっている。太陽は烏が運ぶ。残る一つの太陽は樹の最上にあったが失われたのであろう。

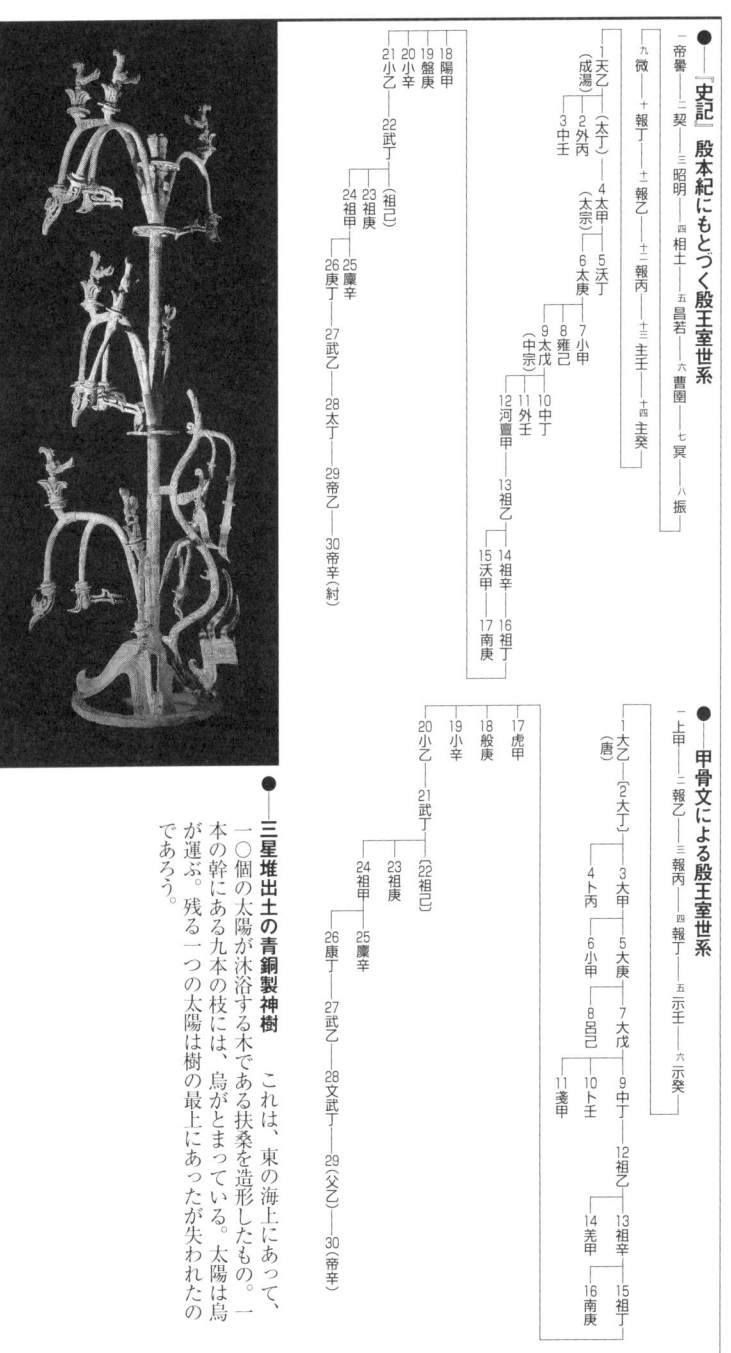

そこで問題となるのは、殷王がこの集団のなかから出現し、王族集団を代表する存在となるのであるが、その王名・妣名が十干で表現されていたということである。この問題にたいして、独自性を維持しながら殷の王族組織を形成した集団が一〇個であったこと、彼らの信仰の対象であった太陽の数と、この殷の王族組織を形成する集団の数とが一致していたことなどから、殷王族を構成する集団の一つ一つに太陽と同じ名前をつけ、その集団の一つ一つをそれぞれの太陽の末裔《まつえい》として位置づけたという仮説が出現するのである。あるいは太陽の数と一致させるために一〇個の集団で殷という王族組織を形成した可能性さえも考えさせる。

それはともかく、殷の王族組織をこのような構造として推測すれば、「某＋十干」として王名に、「匕《ひ》＋十干」として妣名に使用される十干は、王・妣個人の名をあらわすというよりも、その王・妣の出身である集団の名を指していると理解されよう。とくに妣名をみると、「匕＋十干」は妣個人を特定することを目的に命名されたとは考えがたく、十干の一つで名づけられた集団の出身の妣であることを明記したものと理解したほうが妥当なようである。したがって殷王は王族組織を形成する一〇個の集団の代表として、地上における一〇個の太陽の末裔を代表するものとして、宇宙の統括者である帝と対面することになる。

この仮説に従えば、殷代には、王位は、王族組織を形成する諸集団に共有されていたということになり、王位を世襲的に独占する王家(同一血縁の家族)は存在しないことになる。そうした王家が存在しないということは、厳密にいえば、殷は王朝ではないことになる。もちろん殷王室世系図は描けない。では、王権あるいは王族、王族集団はいかなるもので、家族とどのように関連するのだろうか。

殷代の家族

下部に累層的に集落を結集して構成されていた集団が一〇個集まって形成される殷の王族組織は、王や妣の位を共有する存在であるため、その結束を強くする必要があった。そのため、ともに十干という集団の名を冠する王と妣との婚姻に代表的にみられるように、殷の王族組織を形成する集団が内部で婚姻を

殷王族概念図

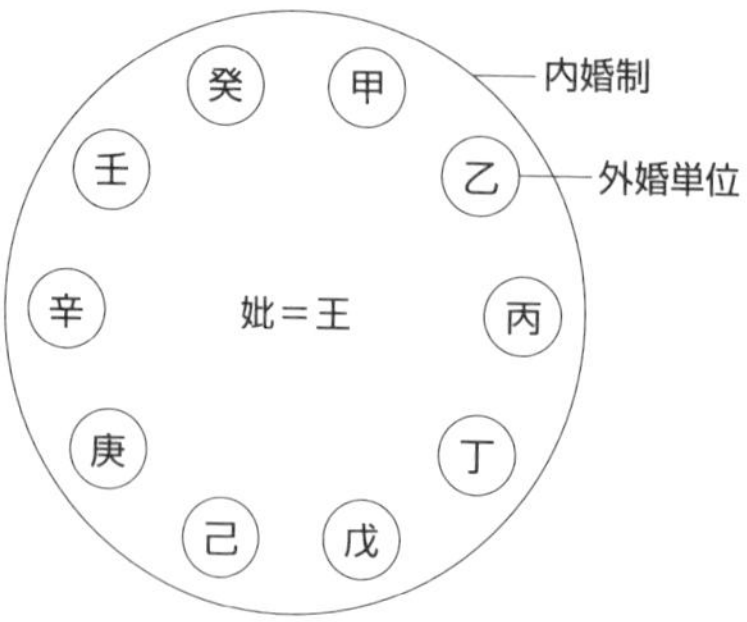

完結させ、王族集団以外の集団との婚姻を禁止する内婚制をとって、血縁的結合の強化をはかったことは明らかである。そのため王族組織内の一〇個の集団おのおのは外婚単位となって、集団内での婚姻を禁止するという制度をこの王族組織はもった。

上に図示したこの構造の概念図と、前掲の姜寨の集落遺跡のそれとを比較すれば、たしかに青銅時代にはいり、王が存在するなど、殷代と仰韶文化期の社会とのあいだでは大きな変動がみられるが、婚姻制度という点だけをとってみれば、同じ構造であることがわかる。それは殷代社会の基本構造が、仰韶文化後期以降の集落における婚姻制度を維持していたことを意味する。殷王は、その集落を結集してできた累層的な構造、あるいはその拡大した構造のなかに存在していたのであった。

そのことは、この累層的構造の下層に位置づけられる集落の住居址が今日までいくつか発見されているが、それらはみな半坡・姜寨の集落遺跡にみられたものと同じ形態をもった住居で、その規模・構造がほとんど変わらないことからもうかがえる。とすれば、殷代の一般の家族について、寝食をともにする居住単位としての家族は、依然として小型住居を範囲とし、氏族によって形成される婚姻単位としての家族は、王族集団をみるかぎり、その十干の名を付せられた一〇個の集団がそれに該当するのと同様の構造をもっていたことになる。

もう一つの経済単位としての家族は、例えば青銅器鋳造、貞人集団▲、製陶など族的な結合をもつ職業氏族などの存在から類推すれば、婚姻単位としての集団より小さな範囲に存在する可能性もあると思われるが、農業などの生産単位を考察する史・資料はいまのところない。ただ累層的構造のもと、その上層の集落のみでなく中・下層の集落においても、内婚制・外婚単位といった婚姻制度は原則として継続されているものと想像される。したがって経済単位としての家族の範囲もそのあたりと考えられよう。

殷代の家族を論じるさいにもう一つ問題となるのは、親族称（称謂《しょうい》▲といわれるもの）である。その多くは父・母・兄・祖などといった語に十干がついた名称で、一方にいまの王にたいして子某という表現も登場する。もちろんさきの仮説に従えば、例えば「父＋十干」と呼ばれる側と呼ぶ側との関係は実の父子関係ではなく、同様に「兄＋十干」という表記も、実の兄弟関係を示してはいない。

▼貞人集団　殷王は、甲骨を焼いてできるヒビから帝の意思を聞きとっていたが、甲骨の入手やヒビいれなどといった占いを実務的におこなう集団は別に存在していた。その専門的な職業氏族を貞人と呼ぶ。

▼称謂　名称のこと。とくに父・母・兄・祖など親族の名称を指していう。文化人類学では親族名称を分類しその仕組みの解明を試み、一世代前の男性・女性をすべて父・母と呼ぶ事例などを仮説として提出した。

それは王族組織を形成している諸集団の構成員たちが、王族集団の代表であった先代の王を呼ぶ場合、彼らにとって一つ上の世代であれば父と、同世代であれば兄という呼称を使用していたことを意味した。また子某は今の王にたいする王族集団の一世代下の構成員を広く指すものと考えられ、この親族称は、王族組織全体が一つの擬制的な家族関係にあることを示しているともいえよう。

　殷墟▲から出土した巨大な亞字型墓▲や一辺が一七〇〇〜一八〇〇メートルという大規模な城壁をもった鄭《てい》州商城▲などをみれば、殷は極めて強大な王権を保持していたとの認識も生まれてくる。しかしそれが先述したように王位が王族組織を形成する諸集団に共有されていること、また殷王の政治的判断が、甲骨占いによる帝（すべてを統治する至上者）の意思に従ったものであること、王の命令は帝の命令であり、絶対的であるのは帝であることなどを考慮すれば、王は帝の意思を甲骨占いによって受け取り、それを王族組織を構成する全構成員に王命として伝える媒介者にすぎないことになる。帝が人を支配するというように殷代の権力構造を理解すると、巨大な土木工事なども王権の絶対性を意味するものではなく、王権と帝との関係による産物と解釈することも可能である。

▼殷墟　河南省安陽市小屯（しょうとん）の洹河（えんが）両岸に位置する殷代後期の都の遺跡。甲骨文の発見によって所在が確認され、宮殿や多数の殉葬をともなった大墓があいついで発見された。近年でも、洹河北岸に一辺が一〇〇〇メートルをこえる城壁が発見されている。

▼亞字型墓　殷墟の侯家荘にある墓葬区で規模が最大の墓。東西南北に墓道が伸び、それが亞字に似ているために命名される。王の墓と考えられ、殉葬の多さが特徴。

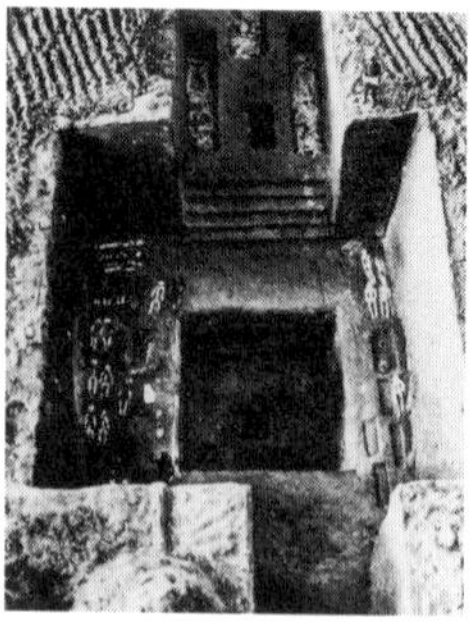

▼鄭州商城　河南省鄭州市に存在し、殷代初期から中期にかけての都と考えられている。

殷代の家族の問題についてみれば、殷代と仰韶文化期の家族とは、とくに居住単位としての家族と婚姻単位としての家族とが区別された存在であるという点を重視すれば、その基本的な構造が同じであるという、一見すると奇異に思われる仮説も成立する余地があるのではないだろうか。それは、仰韶文化期から殷代にいたるまで、その基本的な社会構造が集落を累層的に結集した構造、ないしはその拡大という方向で展開したのであって、累層的につながる中・下層および上層の個々の社会構造が基本的には変わらなかったことを意味する。

ではこの基本的な社会構造はいつ、どのようにして変容していったのであろうか。

▼**周**（前一一〇〇頃〜前二五六年）
武王が殷を滅ぼして建国。周（周原〈しゅうげん〉）・宗周（鎬京〈こうけい〉）・成周（洛邑〈らくゆう〉）を根拠地とする。周は前七七一年に犬戎に敗れ成周に東遷。それ以前を西周、以後を東周（春秋・戦国時代）という。西周は、殷の青銅器文化を継承したが、封建制など血縁関係を中心とした政治体制を形成した。

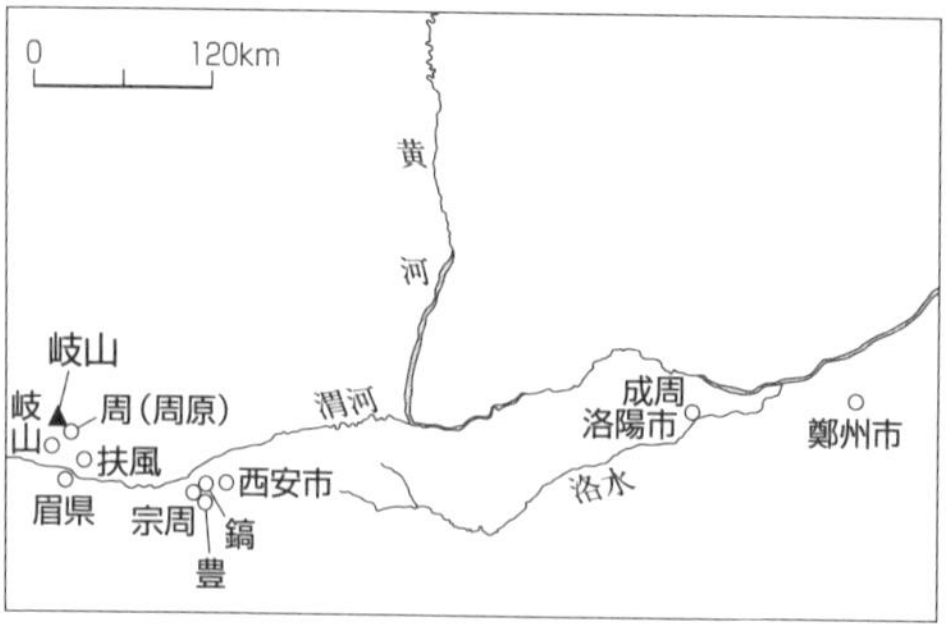

②—婚姻単位としての家族の変容

周代封建制と累層的社会構造

殷《いん》を倒したのは、殷墟からはるか西方の渭河流域において勢力を伸張させた周▲族である。ただ周代の歴史については殷代よりも不明な点が多く、その全体像を把握しがたいのが実情である。しかしそのなかにあって、封建が実施されたことは確実で、しかも封建は殷代の支配構造と比較する意味でも特筆すべきである。すなわち、帝が人を支配する構造をもった殷にたいして、周は、封建制▲の導入などによって人が人を支配する構造を模索したものと解釈されるのである。その周は、殷を倒したあとの混乱した社会状況の鎮静化をはかるための政策をつぎつぎに実行したが、戦乱状態はしばらく続いた。

この状況のなかで、まず実施されたのは、有力な殷の王族集団の構成員やその属邑のなかで、職業氏族として存在していた者たちを、それぞれの族的結合を維持させたまま西方の周の根拠地へと移すことであった。例えば殷の王族集団に直属していた青銅器を鋳造する職能集団は、青銅器が富と権力・権威を生み出すことから、そのまま周に丸抱えされ移住させられた。また王族集団のなかのいくつかの氏族も周が政治的支配をおこなうための高度な知識・技術（例えば文字知識など）を保有していたという点で有用であり、そうした氏族も移住の対象となった。

それと同時に封建が実施される。これは周王族の一族・近親者を中心に、一部の功臣を加え、彼らを諸侯として東方の諸地域に派遣して統治させるという政策であった。殷代では、累層的構造をもった地域を統括する王が、同じく累層的構造をもった地域を統括する族長とのあいだに同盟関係を締結することによって、その勢力圏を成立させていた。この同盟関係では殷王の命令が直接その地域に届くことはなく、地域はいわば独自の政治的な環境を維持させることができた。これにたいして封建は、その累層的構造をもった地域に直接、王族のなかの一族・近親者などを派遣して、彼らをその地域の権力構造の上に位置づけるものであった。そのため殷代と比較すれば、王の命令は直接、諸地域内に伝わることになる。その意味で、封建は王権の強化をめざしたもので、事実、周代初期にはかなり広範囲に実施された。周初の青銅器である宜侯夨𣪘《そくき》が江蘇《こうそ》

▼**封建制**　西周の政治体制で、殷を破った周王が、一族・功臣を地方に諸侯として派遣し、土地と民を分与し統治させた制度。祭祀・軍事権を与えられた諸侯は、王にたいしては軍役と貢納の義務を負った。王と諸侯の関係は血縁関係で結びついていたため、契約関係を中心とする西欧の封建制とは異なる。

周公廟遺跡　陝西（せんせい）省岐山（きざん）県にある周公廟の北側の斜面に、全部で亞字型墓を含む二二基の大墓が発見された。周公一族の墓の可能性がある。

宜侯夨段にもとづいた宜地方の概念図

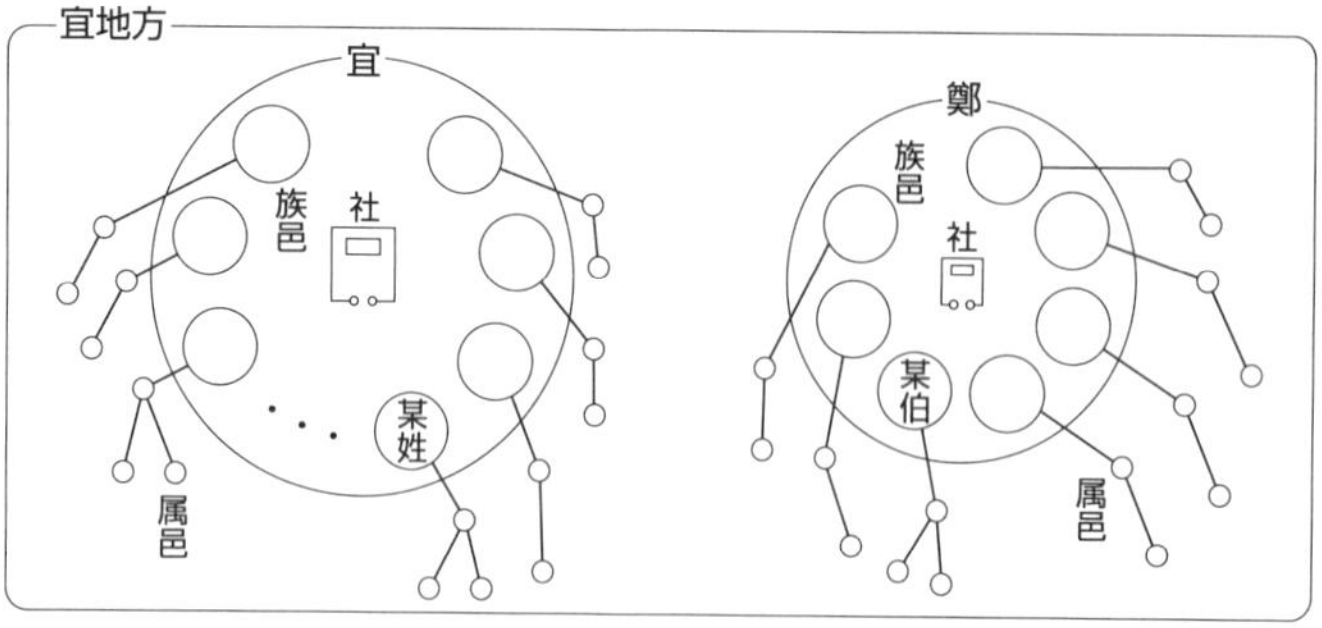

省から出土していることからも、そのことはうかがえる。

またその銘文は、武王《ぶおう》・成王《せいおう》二代にわたって殷の勢力圏をようやく鎮静化するのに成功し、さらに勢力を東方にまで伸張したことを述べたあと、康王が夨を東方の一地域である宜に封建したことを記している。またこの銘文には、封建される場所についての記述もある。宜には宜と鄭《てい》という二つの族邑があり、それぞれは合計すると三五の属邑をもっていた。そこからは、それら属邑を累層的に結集して宜と鄭という族邑が形成され、さらに両者は、宜の優位な状況で結合していたといった構造を想定することが可能である。さらに銘文は、それら族邑における、その上層・下層の集落に居住する人びとの数が区別してあげられ、また川などの自然や田地の状況にかんする情報を記述する。宜への封建は、こうした宜の土地と人民とを王が夨に賜与するという形式をとっておこなわれた。したがってこの銘文からは、封建の実情が明らかになるとともに、周代においても族邑—属邑といった集落の累層的構造が社会の基本的構造として存在し、それらの集落内部の構造も、封建という政治的変化が起こるなかでも維持されていたことを知ることができた。

●──史墻盤

史墻盤《しのしょうばん》（ししょうばん）には、文王・武王・成王・康王・昭王・穆王が、その順番でみえ、それは『史記』が伝える即位順と同じであった。

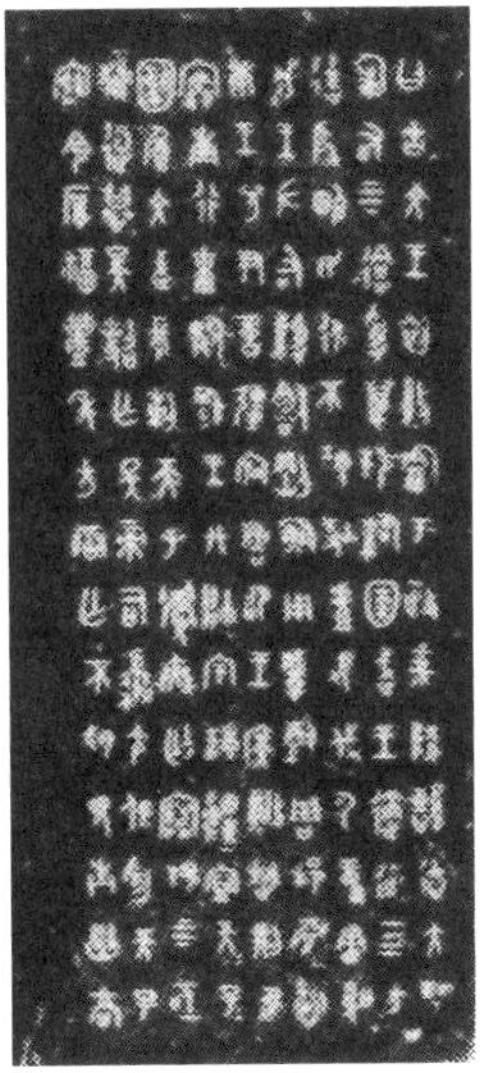

曰古文王，初敎龢（和）于政，上帝降懿徳、大粤（屏），
匍（抚）有上下，迨（会）受万邦。𬨂（讯）圉武王，遹征四方，
达（挞）殷畯民，永不巩，狄（逖）虘光，伐尸（夷）、童。富（宪）圣
成王，ナ（左）右敍（绶）毀（䊆）刚鲧（鲧），用肇（肇）彻（彻）周邦。㴱（渊）哲（哲）
康王，分尹啻（亿）疆（疆）。宏（宏）鲁卲（昭）王，广能（笞）楚荆（荆），隹（唯）
寏（贯）南行。祗（祗）覭穆王，井（刑）帅宇（讦）诲（谋），𤔲宁（宁）天子。
天子䎽（恪）餍（缵）文武长剌（烈），天子釁无丐，𡨄祁上下，亟
狱逗慕，昊照亡（无）昊（斁），上帝、司（后）𢍰（罍）元保，受（授）天子
绾（绾）令（命）、厚福、丰年，方蛮（蛮）亡（无）不𫬷见。青（静）幽高

●──宜侯夨簋

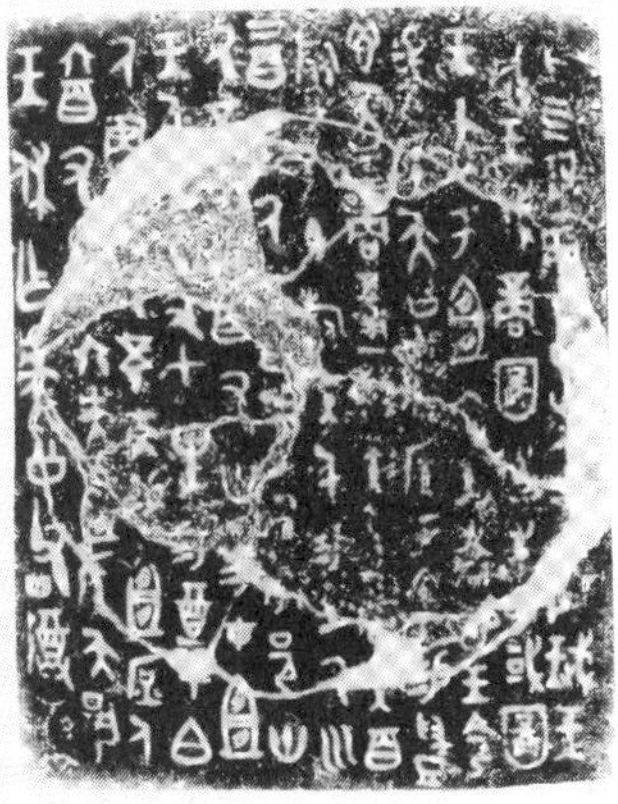

…王位于宜、入社、南嚮。
王命虞侯夨曰、「繇、侯于宜。
…賜土、厥川三百□、…厥□邑
三十五。…賜才宜王人□七姓、
賜鄭七伯。厥夫□五十夫。賜宜庶人
六百□六夫。…

ただ政治制度としての封建制のほうは、成立後まもなく変質していった。それは、封建された諸侯の地位が世襲であったためである。世襲制は、時代がくだれば王と諸侯との血縁関係を希薄にさせたため、その目的であった王権による地域支配の強化は衰弱し、そのうえ、世襲ゆえにその地域で勢力を維持していかなければならない諸侯にとっては、そこに存続している勢力とのあいだで協力関係を強化していかざるをえなかった。その意味からも、封建制は機能不全に陥り、周初の段階ですでに実質的な封建の役割は終わっていた。

しかしここで、より大きな問題となるのは世襲制の成立である。累層的構造という社会の基本的構造にとって、あるいはそれと関連して本書でこれまで展開してきた、居住単位としての家族とは区別された婚姻単位としての家族にとって、世襲制は大きな影響を与えるものとなる。殷代では王位は世襲制ではなかった。諸侯にみられた世襲制の出現は、周代の王位継承において、王位を世襲的に独占するという王家を出現させることになるのだろうか。

周王族と家族

さきに述べたように、周代の歴史については不明な点が多い。それは周王についても同様である。ただ封建制の導入の理念が、人が人を支配するという政治的構造を構築するという意味で解釈すると、周王が王族と同一の「血族」を諸侯として各地に派遣することで全土を支配し、その周王の全土支配を永続化させるために諸侯の地位が世襲化されたと観念される。

この世襲を制度的に一般化する理念として周代に成立したとされるのが宗法《そうほう》制《せい》▲である。宗法制とは、王位については嫡長子が王位を継承し大宗《たいそう》となり、その諸弟が諸侯に封建されて小宗《しょうそう》となる。一方、諸侯位の継承においても、嫡長子が諸侯位を継承してその地域での大宗となり、その諸弟が小宗となるというものである。いずれも嫡長子制(長子相続制)を基本とする制度ということになる。たしかに宗法制は封建制と結びつくことによって、理念上全土をおおうことができる。ただ大宗・小宗という宗法制の仕組みは、封建された地域をみれば、地域内の累層的な構造をとる集落のそれぞれの支配者として小宗が存在することを意味した。そのため宗法制の実施は、現実の社会構造に大きな変革を

▼**宗法制**　共同の祖先から分かれた父系の血縁集団である宗族を統轄する規範。各宗族を区別するものが姓で、周代に嫡長子相続制として整備されたが、その実効性には疑問もあり、むしろ漢代以降の豪族や門閥貴族の結合組織としてその実効性は発揮された。

もたらす制度ではないことになる。いずれにしても、この宗法制が全土をおおう構造として実際に機能していたとは、現在までのところ考えられていない。

周代にはいって封建制が実施されても、諸侯およびその子がそれまでの累層的構造の上に立つという意味から、社会内部ではこの累層的構造は存続していた。しかし、宗法制の全土での展開の正否はおくとしても、周代では王位・諸侯位の嫡長子による継承、すなわち実の父子のあいだでの王位・諸侯位の相続が存在するとする学説は、今日広く支持されている。その場合には、つぎのことが問題となる。すなわち周族はもともと、地方では少なくとも周初まではその存在が確認できた累層的構造と同様の構造をもっていて、その構造が変化したことによって実の父子間の相続という世襲制が出現したのか。それともそうではなく、もともとの周族の構造そのものが累層的構造とはまったく別な構造をもっていて、世襲制は殷を破る前から存在していたと考えるのかという問題である。ただいずれの場合も周族に世襲制が存在したとすれば、それまでの地方社会の構造と周族の社会構造とには大きな質的差異が生じていたことを意味することになる。あるいはこの学説にたいして、依然として王位を独占する王

▼**昭穆制度**　『礼記』などに記述されている宗廟制度。始祖を北側中央に、東に昭廟、西に穆廟を設け、天子七廟(三昭三穆)・諸侯五廟(二昭二穆)・大夫三廟(一昭一穆)という構造をもち、死後、昭のあとは穆へ、穆のあとは昭へと祀られる。

家は存在してないとする考えも仮説としては成立しうる。これらの問題を解く鍵は周王族内部の構造なのであるが、それが難問なのである。

そこでいま昭穆《しょうぼく》制度▲という宗廟制度を取り上げてみようと思う。これはその実在も含めて議論が多い制度である。この制度を記述する史料も『礼記《らいき》』▲などあとの時代に成立したものであって、そこで表明されている思想ものちの時代のものを根拠としているという点も指摘できるために、この制度が実在したとするには問題があるといわなければならない。しかし古くグラネ▲や加藤常賢《かとうじょうけん》▲などが、この宗廟制度である昭穆制度から婚姻制度を導き出している。昭穆制度とは、それが天子の宗廟施設であれば、始祖の廟を北部中央に建て、そののちの先祖代々の王を、始祖の廟に向かって右（東側）を昭列、左（西側）を穆列として左右二列にそれぞれ三つの廟を建てて祀るというものである（三五頁参照）。

加藤常賢らは『礼記』などの分析から、昭列から穆列、または穆列から昭列という横の関係である父・子（継続する世代）では、両者を祀る者たちの関係が疎遠で、ときに離反し合う。それにたいして、昭列内、あるいは穆列内といった縦の関係である祖・孫（一つへだてた世代）では、両者を祀る者たちの関係は

▼**『礼記』**　儒家の経典で、五経の一つになった書。戦国から前漢時代にかけての礼にかんする論説を集めたもので、前漢の戴聖（たいせい）が編纂した。古代の習俗・宗教などが記述されている。

▼**グラネ**（一八八四〜一九四〇）　フランスの中国学・社会学の研究者。シャバンヌ、デュルケムに学ぶ。歌謡や祭祀という観点から『詩経（しきょう）』を解釈し新たな農民社会の分析を試み、また中国の宗教や陰陽・数などの概念を社会学的に解明した。

▼**加藤常賢**（一八九四〜一九七八）　中国古代文化・思想の研究者。従来の中国哲学にたいして、人類学の方法を取り入れての中国古代家族制度の研究や古典の解釈をその原義にたちかえって解釈する方法は斬新で注目すべきものであった。

親密で、ときに合一するという性格を見出す。そしてそこから、この宗廟施設における昭列と穆列という二列の廟は、それぞれ別の氏族を中心に祭祀がいとなまれていたと解釈する。例えば昭列の氏族が主体となってその氏族出身の王を祀っていたというのである。

さらに彼らは、この宗廟制度にあらわれた氏族は、王族集団における内婚制という婚姻制度を支える外婚単位として存在していたと位置づけた。殷代の王位は一〇個の氏族によって共有されていたが、彼らの学説に従えば、周代の王族集団では二つの氏族によって形成され、それが王位を共有し、王位は二つの氏族のあいだで、昭のあとは穆、穆のあとは昭というように交互に継承されることになる。とすれば、実の父子のあいだで連続して王位が相続されないことになって、王位を世襲的に独占する王家は存在しないと解釈されることになる。

この学説にたいしては、昭穆制度が実在しないとする批判のほかにも、レヴィ＝ストロースらから、この学説が導き出した両氏族間の婚姻制度にたいする仕組みを中心に批判があいついだ。しかし後者の批判でも、二系列の氏族によって周の王族集団が形成されていたとする仮説そのものはまだ成立する可能性

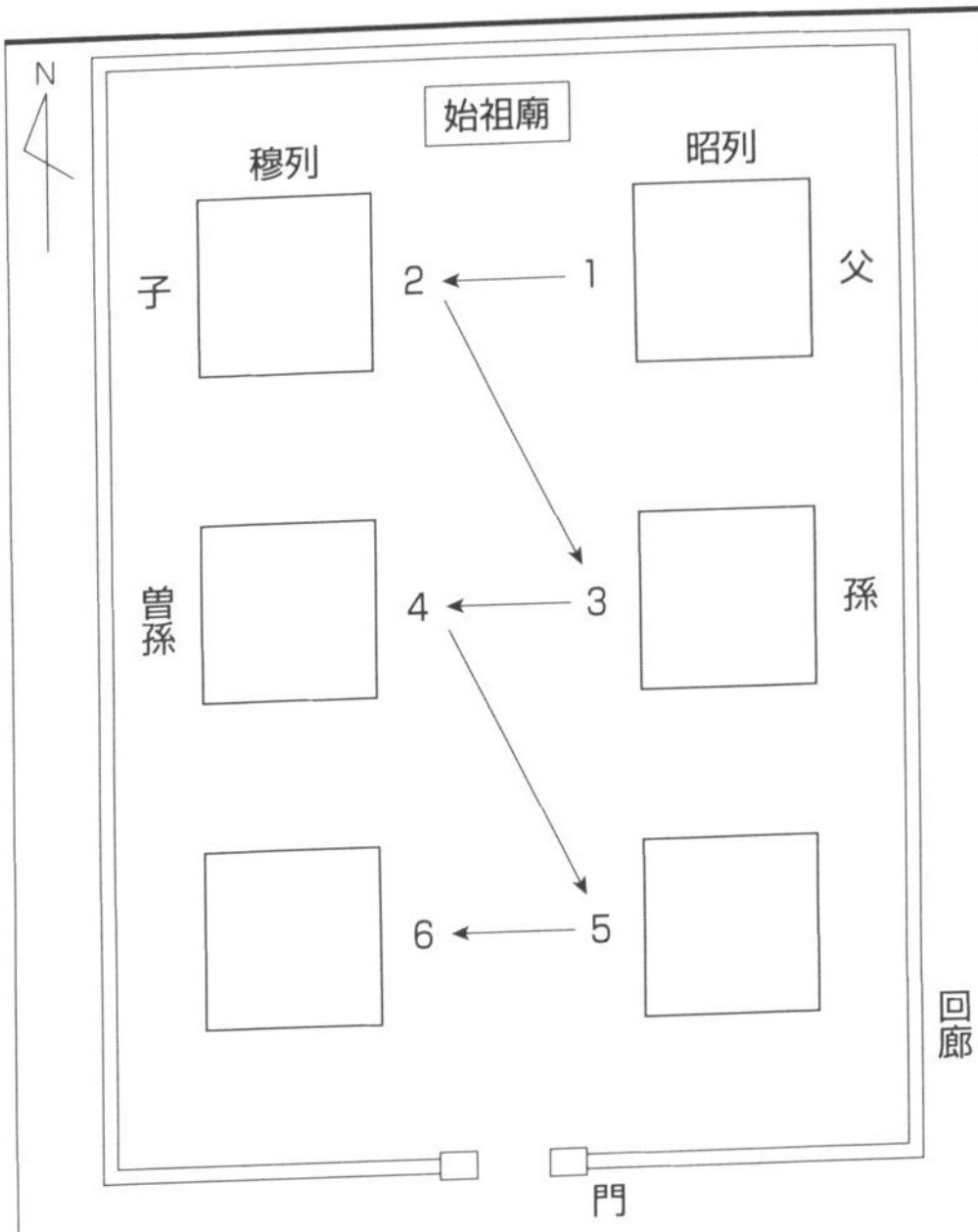

●昭穆制度の概念図

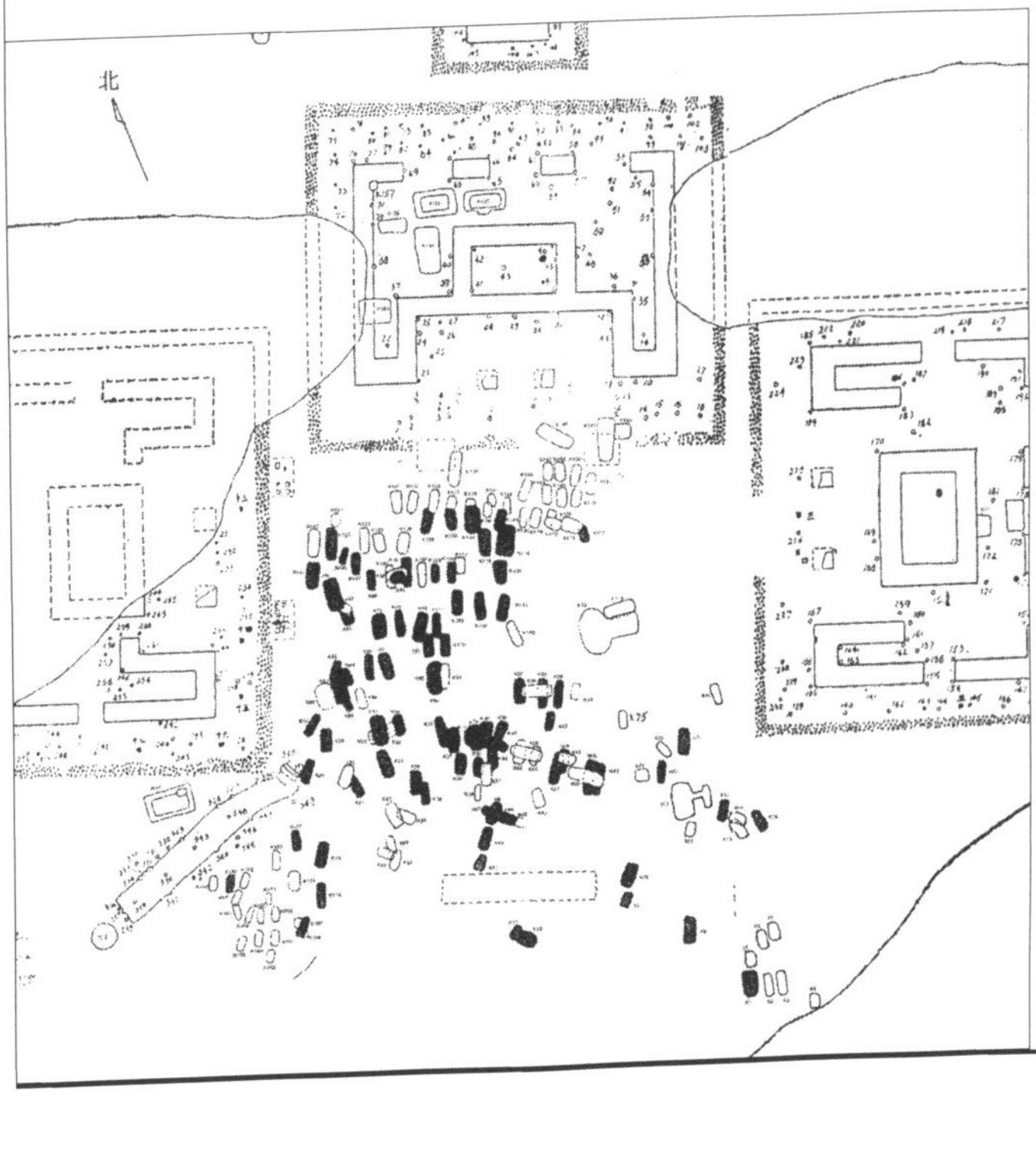

●馬家荘(ばかしょう)出土一号宗廟遺跡　春秋時代末期の秦の宗廟遺跡。この遺構は昭穆制度の存在と関係するか。

を残したものとなった。少なくとも氏族形態のなんらかの痕跡が昭穆制度という記述に反映しているものとの理解も可能である。この仮説に従って解釈すれば、王族における婚姻単位としての家族は、この昭・穆という二系列の氏族ということになる。

ただ、もしこの仮説どおりであったとしても、この二つの氏族間での婚姻は、その氏族の規模にもよるが、早晩、近親婚の危険をはらむことになる。そしてそのとき王位を世襲的に独占する王家ははじめて成立することになる。ただ周代の歴史をみると、それと時を同じくして周の王権の衰退が始まる。それは王家の成立とそれより前に成立していた諸侯位の継承における世襲制が、結果的には累層的な集落構造への動揺をもたらし、それが婚姻単位としての家族を族的な形態から個別的な形態へと徐々に変容させざるをえなくなる事態を引き起こしたためともいえるのではないだろうか。またこの族的な形態から個別的な形態への変容という傾向は、新たな政治支配の模索という観点からさまざまな議論を生み出すことになる。

累層的構造の崩壊

　西周代の後期以降、王権は急速に衰微する。周初には広範に分布していた周王室と関連する銘文をもつ青銅器の出土が、武王から数えて四代目の昭王期以降には、周の根拠地である渭河流域や洛陽《らくよう》一帯の地域に限定されることからも、そのことは裏づけられる。それはかつて封建された諸侯が周王からの政治的な独自性をえたことを意味した。諸侯ばかりではなく、封建諸侯がその上に乗って支配していた累層的構造をもった集落のなかにも政治的な独自性をえて、諸侯から分離する勢力も出現した。王権の強化を目的とした封建は、極めて短時間に、王と諸侯という関係だけでなく、諸侯と在地勢力とのあいだでもその意味を喪失していった。その点について、春秋時代▲の初期には二百数十カ国が政治的な独自性をもった勢力として存立していたという事実がこの事態をよく説明している。

　春秋時代とは、こうした数多く併存していた諸勢力が、周王の存在を意識していたとはいえ、自らの存立をかけての攻防を繰り返した時代であった。政治的な独自性をもった諸地域は、依然として累層的構造をもった集落を集合した

▼**春秋時代**(前七七〇～前四〇三／前四五三年など諸説)　周の東遷から三晋(韓・魏・趙)分立までの時代をいう。この名は、経書『春秋』に由来する。周王の権威が失墜するなか、血縁関係を基盤とする社会構造は維持されていたが、諸侯は同盟と離反を繰り返した。

春秋五覇

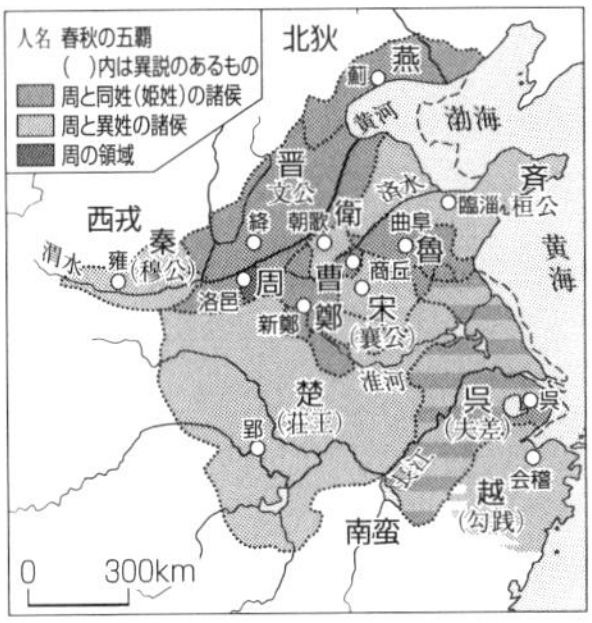

社会であったが、諸地域を指導する勢力は、この戦乱を生きぬくための対応に迫られた。この戦乱の性格は、春秋時代の初期には二百数十カ国あった地域勢力が、その末期には十余国となり、さらにそれが戦国時代▲初期には七つの大国とわずかばかりの小国を残すのみになったという結果に終わっていることからみれば明らかで、族的結合をもった集落を累層的にまとめあげた構造を基盤としてその地域の独立性を保とうとする勢力は、しだいに大きな領域を直接支配しようとする新たな勢力（国家）に併呑されるという趨勢のなかにあった。

仰韶《ぎょうしょう》文化の後期からこれまでのあいだ、社会の基本構造でありつづけた集落の累層的構造は、この新たな勢力の出現によって崩壊に向かわざるをえなくなった。集落の累層的構造の存在と密接な関係をもっていた集落内部での婚姻単位としての家族（氏族）は、すでに世襲制によって族的な形態から個別的な形態への変容という傾向を示していたが、この流れは新たな勢力が出現した戦乱の時代の到来によって決定的となった。

この華北において、大きな領域を直接支配しようとする新たな勢力の出現に影響を与えたのは、春秋時代以降、南方の長江流域で勢力を台頭させた楚《そ》▲の存

戦国七雄

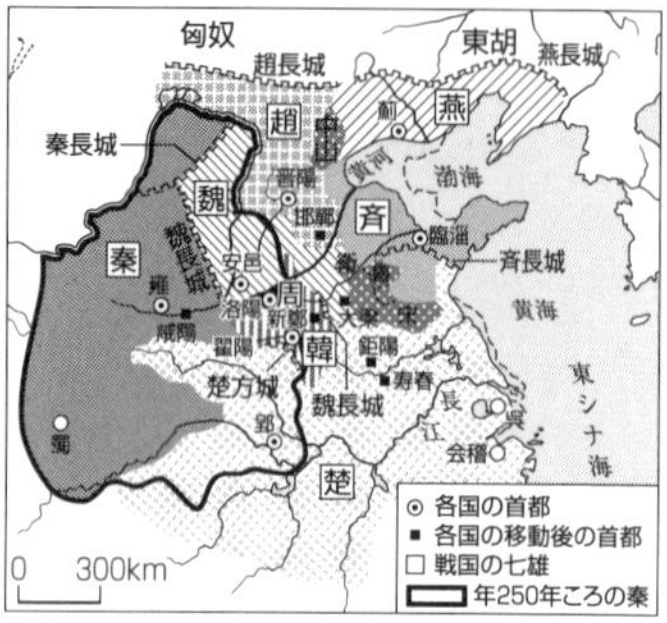

▼**戦国時代**（前四〇三〜前二二一年）　晋の分立から秦の始皇帝の統一までの時代。黄河流域の諸侯も王を称するようになり、各国が富国強兵のための内政改革を断行して、法律、官僚制度などを整え専制的君主権の確立をめざした時代であった。

▼**楚**　西周から戦国時代に長江の湖北省を中心とした地域にあった国。王を称し中原の諸侯国とは異なった文化を形成した。荘王（在位前六一三〜前五九一）のとき晋を破って覇者と

在であった。楚が紀元前七世紀半ばに鄭▲に侵攻して以降、南北間の攻防が繰り返された。この攻防の始まりであった楚の鄭への侵攻にたいする華北側の対応は、有力な諸侯が盟主となって、周王室を助けるという名目で各諸侯と同盟して抗戦するというものであった。斉《せい》▲の桓公《かんこう》、ついで晋《しん》▲の文公《ぶんこう》がその盟主となった。二人の盟主の時代までは、この方式で華北側が勝利したが、そのあとは楚側が優勢となり、楚が盟主となって、華北の諸侯と同盟するといったやや複雑な状況にもなった。

　華北の戦乱状況に周王室とは無関係な長江流域の諸勢力の参入は、華北の諸勢力に軍事的な脅威をもたらした。そのためこの楚の脅威も、華北の諸勢力にとっては大きな領域を直接支配しようとする社会変革の方向性を規定するものの一つとなった。しかもその社会変革の方向性は、楚との攻防を展開するなかで、当初は華北の諸勢力に名目上でも尊重された「周なるもの」を、しだいに軽視しはじめ、ついに楚を盟主として楚と華北の諸侯との同盟が成立するにいたって、無視するものとなった。

　このことも集落の累層的構造の存在、および族的結合を土台とする婚姻単位

なった。戦国時代に秦と対抗する強国となった。

▼鄭　西周末期に封建され、東周初期には周を支えた有力諸侯。大国にはさまれていた状況を、子産（しさん）（前五八五?～前五二二?）は政治改革や外交によって乗り切ったが、戦国時代に韓に滅ぼされた。

▼斉　周初に太公望呂尚（りょしょう）が山東省に封ぜられた国。春秋時代に桓公（在位前六八五～前六四三）が管仲（かんちゅう）を補佐させて強国となり諸侯間の盟主となった。戦国時代には臣下の田氏が国を奪ったが、国号はそのままで秦と対抗する国力をもった。

▼晋　周初に山西省に封建された国。春秋時代の文公（在位前六三六～前六二八）のときに三軍の制という軍制改革を施行し覇者となって南方の楚と対抗した。しかし前四五三年に家臣の韓氏・魏氏・趙氏に国を三分され、前三六九年には滅亡した。

としての家族(氏族)の個別化へという傾向をもった社会変革を進める外的要因となった。時代は、その変革を進める具体的な政治的方法を求めた。その求めに応じて歴史の舞台に登場するのが、のちに諸子百家《しょしひゃっか》▲と呼ばれるようになる人びと、そして学派であった。

孔子の「革新」性

春秋末年に登場した孔子《こうし》▲は、いち早くこの時代の要請にこたえようとした人物であった。孔子の生涯は不明な点が多いが、『史記』孔子世家によれば、魯《ろ》▲の支配氏族の成員(士階級)の子として生まれ、有力氏族の三桓《さんかん》氏の一つである季孫《きそん》氏に従っていたという。そのことからも春秋時代末期の魯において、孔子の属する氏族(集落)、その上に季孫氏の氏族(集落)、その上に魯の君主といった累層的構造が存在していたこと、さらにすでに累層的構造をとっていた三桓氏は魯の君主から自立し、さらに魯の権力を専横するという状況にいたっていたということが確認できる。したがって社会変革の波が押し寄せている魯にも新たな政治変革が要請されたのである。

▼諸子百家　春秋末期から戦国期に活躍した思想家、学派の総称。古い秩序が崩壊に向かう戦国時代に、新たな秩序を模索する思想家が数多く輩出され、それらは儒・道・陰陽・法・名・墨・縦横・雑・農・小説などの学派に分類される。後世の思想の原型となる。

▼孔子(前五五一?～前四七九?)　春秋時代末期の思想家で儒学の祖。魯に生まれ、周公旦(しゅうこうたん)の政治を理想として政治改革を試みたが失敗。一三年間の各国遍歴も政権を担当できず、帰国後、弟子への教育に尽力した。それはそれまでにない新しい生涯だった。

▼魯　周初に周公旦の子の伯禽(はくきん)が封建された国。都は曲阜(きょくふ)。始祖が周公旦であることもあって、周の制度・文化を伝える。この地で孔子は生まれる。春秋時代には三桓氏が実権を握り君主権は名目化した。戦国時代に楚に滅ぼされる。

孔子は魯の君主を中心にした政治改革を主張したが受け入れられず、これと対抗する三桓氏に追われて、弟子たちとの十余年にわたる流浪の旅にでることになる。郷里を捨てて「私的な」旅にでるという孔子の決断は、それまでの旅が軍隊の遠征を意味していたことからすれば、新しい人間の行動様式の出現を示すとともに、集落内部にあった族的結合の弛緩を象徴しているともいえよう。

この周代後期以降の社会的変動にたいして、孔子が提案した新たな政治的理念は、孝であった。孝とは子が親にたいして敬愛の念をもって行動することである。殷代では、父・兄といった親族称(称謂《しょうい》)は、王族組織の代表であった先代の王を呼ぶとき、それが一つ上の世代であれば父、同世代であれば兄という呼称をも含んでいたため、この呼称は、まさに族的結合にもとづいた累層的な権力構造の存在を示唆するものとなっていた。それが世襲制の成立などによって徐々に変革された。新たな社会は、この親族称を実の親族のあいだでのみ使用されるものへと限定することになる。したがって孝も、累層的で族的な諸集団に求められた行為から、個別的な親族内、すなわち実の親子関係の内部で求められる行為に変化することになる。

孔子は、この変化の方向性を予測し、戦乱の世を生きぬく君主権を確立するために、君主の権力基盤として、それまでの累層的な構造をもつ諸集団をその政治的支配の単位とする構造におくことから、小型家屋に居住し、四〜五人からなる個別的な親族をその単位とする構造におくことへと明確に移すことを主張した。小型家屋は、新石器時代においても、孔子の時代においても、本書でいう居住単位としての家族が居住する場として、集落内につねに存在していた。ただ孔子以前にこの家屋を政治的単位とする思想はなかった。例えば、改革者とされる鄭の子産は、都市と農村、身分の上下といった区分を明確化する政策をとるが、これは動揺する族的結合の修復を目的としたものであった。

しかし婚姻単位としての家族(氏族)が族的な形態から個別的な形態へと移りはじめ、すでに君主権力の土台が曖昧《あいまい》になりつつある現実をとらえていた孔子は、新たな政治的単位の創出とその支配の方法を発見した。その政治的単位とは、それまで政治的に無視されていたとはいえ、つねに存在していた小型家屋であり、その支配の方法とは、その家屋のなかに存在する実の親子関係に孝という結合原理、秩序原理を与えることによって、小型家屋を政治的単位に編成するというものであった。これによって孝は、一組を単位とする親子関係に最小化され、子の親への孝と、それと対になる親の子への慈愛によって結合する居住単位としての家族を政治的単位として出現させることになる。一組の親子関係を可視的に表現すると、家屋という存在になるのである。君主権からみれば、君主は家族に仁という徳(慈愛)をあらわせば、家族を単位として生み出される民は君主に忠誠(孝)を誓うという新たな権力構造を出現させることになると孔子は説く。

孔子は、例えば周公の言を祖述する方法で自らの思想を記し、みだれた社会を周初の政治を復活させることで安定させるとしたため、彼の思想を復古的なものと理解する向きもある。また、家族道徳を政治の土台にすえ、徳をもって民を導き、礼をもって民をおさめるという孔子の徳治主義にたいしては、墨子《ぼくし》▲が異議を唱えた。墨子は、自らが説く万人にたいして無差別的な博愛を主張する立場から、孔子の説く仁は家族道徳を土台としているがために、個別的な、差別的な愛に陥っていると批判する。しかし個を土台とする孔子の思想は、前述したような時代の潮流に乗った革新的な、進歩的なものというべきものであ

▼墨子(前四八〇頃〜前三九〇頃) 墨家の始祖で名を翟(てき)。墨子は人間にたいする平等な愛である「兼愛」を説き、非戦論である「非攻」を主張した。墨家は、強固な軍事技術者集団を形成したが、それは儒家と比べて、集団としてはむしろ古い体質をもっていた。

石鼓文 春秋時代末期の秦の文物と伝えられるものに石鼓がある。ここに刻まれた文字はやがて秦始皇帝によって統一された文字を示している。

った。それは、孔子が晩年に開いた私塾に集った弟子たちのあいだに広がっていた学問する自由な空気と、墨子の博愛主義がやがて戦争の否定や、勤労と倹約の奨励を実現しようとして結成される墨家集団の強い団結力とを比較すると、孔子の「新しさ」は、より鮮明になるのではないだろうか。

自らの思想を孔子が仕える君主によって実現に移すという彼の野望は、結果として挫折に終わる。それは、もちろん短期的な富国強兵策を求める君主にとって孔子の方法があまりに悠長であったためではあるが、一方で氏族(集団)ではなく小型家屋に住む居住単位としての家族(個)を君主の政治的支配の単位とするという、彼が社会変革の方向を見据えたうえで発見した方法が時期的にみて早すぎたことも一因であった。この政治的な方法は、のちに孔子の学を継承する学派として成立した儒家▲と鋭く対立することになる法家▲によって、孔子の時代をくだること、百数十年後に「皮肉にも」実現されることになる。

商鞅の変法の意味

商鞅《しょうおう》▲は、中原の小国である衛の庶公子として生まれ、のちに戦国の七雄と呼

▼儒家　孔子を開祖とし、戦国時代に孟子(もうし)・荀子(じゅんし)によってさらに政治思想として発展したが、秦の始皇帝(しこうてい)の焚書坑儒(ふんしょこうじゅ)で弾圧された。前漢に董仲舒(とうちゅうじょ)の献策による五経博士の設置、後漢の訓詁学の体系化以降、絶えず中国の政治思想の第一に位置づけられた。

▼法家　戦国時代の荀子の弟子などのなかから出現。礼を法にかえ、法によって政治をおこなうことを説く学派。魏(ぎ)の李悝(りかい)・申不害(しんふがい)に始まり、商鞅によって秦で実施、戦国末の韓非(かんぴ)によって思想的に体系化された。

▼商鞅(?～前三三八)　戦国中期の政治家。衛の皇族出身であったが、秦の孝公に仕え政治改革を断行し、秦を富国強兵の国にすることに成功。孝公死後失脚し処刑された。『商君書』に彼の思想が伝えられている。

ばれるなかでは最初に強国となった魏《ぎ》▲に移って法律を学んだ。そこで国政改革を志すも受け入れられず、秦《しん》▲の孝公《こうこう》▲が賢人を求めていることを聞きつけて秦に赴き、強国の術として孝公に覇道《はどう》を説いて採用されることになる。彼の覇道とは、秦の世襲貴族たちの主張していた伝統的な礼による規制を否定し、中央集権的な君主国家の建設をめざすものであった。商鞅は孝公の支持をえることによって、結果として秦を強国に押し上げることになった大胆な政治改革である商鞅の変法を断行することになる。

　商鞅の変法は、前三五九年と前三五〇年の二回にわたっておこなわれた。第一回は、集落内で民を五戸単位と十戸単位に編成し(什伍《じゅうご》制の制定)、そこに連座制を設けて相互に監視させ、これを軍事編成と農耕の基本組織とすること、いわゆるアメ(褒賞)とムチ(刑罰)を駆使して罪人の告発を奨励すること、民であって二男《にだん》(成年男性二人)以上が同居している場合は、その賦を倍にすること(分異令)、軍功のみを基準とした新しい爵位(軍功爵)による身分秩序を確立し、この爵位によって占有できる田(農耕地)・宅地の広さ、奴隷の数、衣服の内容まで規定すること、旧来の世襲的な身分を廃止すること、民による商業行為を

▼**魏**(前四五三〜前二二五年)　戦国七雄の一つ。春秋時代、晋の卿であった魏氏が韓氏・趙氏とともに晋を三分して自立。李悝の改革によって強国となるが、やがて秦に圧迫され、安邑(山西省)から西の大梁(河南省)へと遷都した。秦の始皇帝によって滅ぼされた。

▼**秦**(?〜前二〇七年)　中国最初の統一王朝。甘粛省に興り、西周王室の東遷に活躍し諸侯となる。穆公(ぼくこう)が覇者となり、戦国時代、孝公が商鞅を任用して専制体制を確立し、政(せい)が中国を統一して始皇帝となった。彼の死後まもなく反乱などのために滅んだ。

▼**孝公**(前三八一〜前三三八)　戦国時代中期の秦の君主。即位とともに秦を強国にする政策を全国に求め、それに応じた商鞅は帝道・王道を説いたが孝公は聞き入れず、最後に覇道(中央集権的君主国家)を説くのを聞いて採用したという。

▼阡・陌　南北や東西に走る農道のこと。国家はこの農道を開設することによって耕地を区画し、集落全体の耕地面積を把握し作柄を調査することができるようになり、田租などの収取が容易となった。

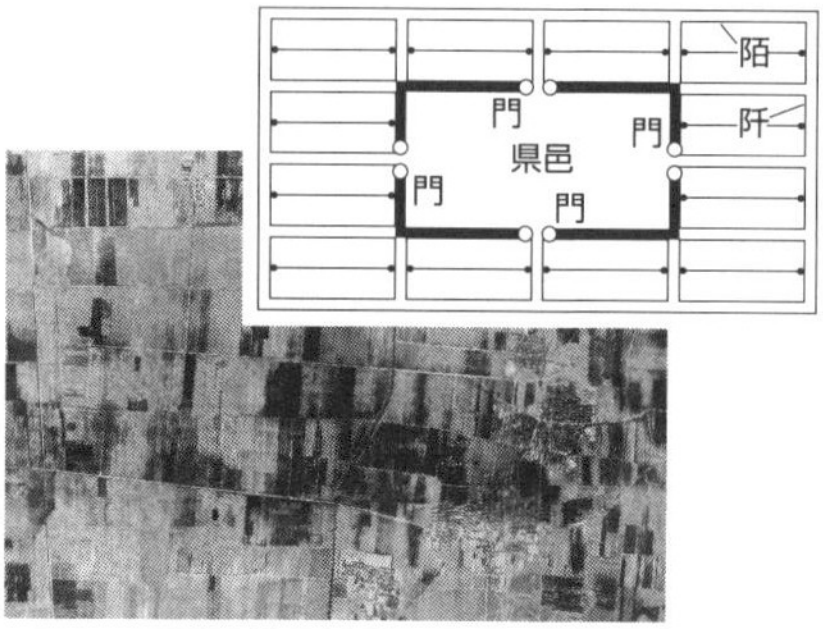

阡陌図　南北に走る農道が阡、東西のそれが陌とされ、その実態については諸説がある。概念図は二本の阡陌でかこまれた農耕地を二〇頃と考えて作図した。一戸一頃を耕作するとすれば二四〇戸分となる。

禁止すること、さらには平時には農耕、戦時には軍功に励むこと（耕戦の民の育成）、君主が刑罰権を独占すること、などが規定された。

　この第一次変法では、軍功爵体制の導入によって、秦で当初問題となっていた世襲貴族の存在を否定し、またこの爵制とともに、耕戦の民を育成して、それを什伍制に編成することで、軍事力、農業生産力の強化をはかったものである。また分異令の規定は、大家族の存在を抑制して小家族の成立を促すものとの理解が一般的である。しかし本書では、軍事力強化を変法の最大の目的としていることからすれば、この規定は、徭役《ようえき》・兵役といった労働力編成および徴税の対象者として成年男子を把握するための可視的な単位として、すなわち成年男性が二人以上いれば家屋を分け、家屋の数が労働力編成および徴税の対象者の数と一致するものとして小型家屋を位置づけたと解釈する。もっとも現実には、民の家屋は、そのほとんどは成年男性一人とその家族が居住すればそれでいっぱいとなってしまうのである。ともあれ、この規定こそ君主が支配する政治的単位を小型家屋におくという、孔子がめざした政策が結果として実現に向け法的に制定されたものと理解されよう。

▼度・量・衡の統一　長さ(度)・容積(量)・重さ(衡)をはかる基準を統一する政策。商鞅変法に始まり、始皇帝が中国を統一した段階で全国的に統一した。法・官僚機構が機能するためにも必要な制度だった。

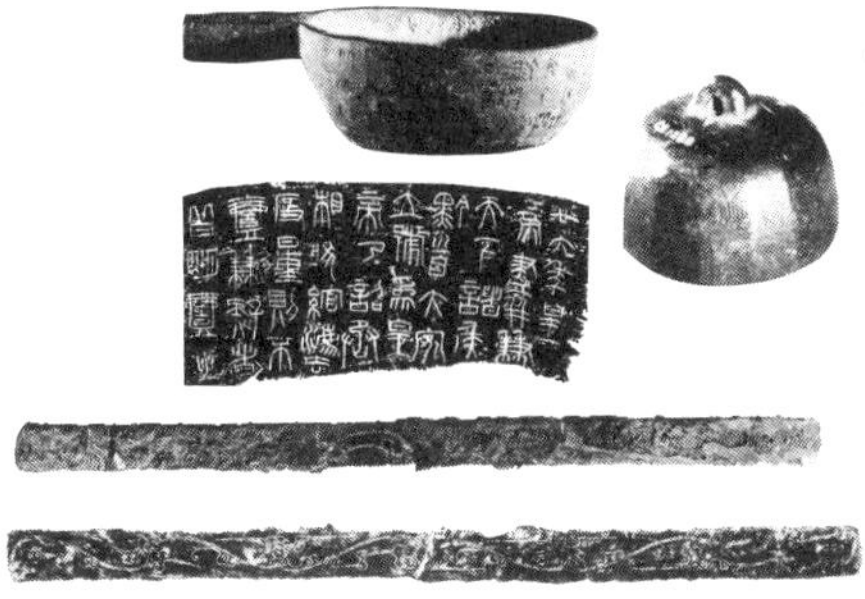

度・量・衡　図は秦の始皇帝が統一したもの。始皇帝はそれまで秦が使用していた度量衡を基本に統一した。したがって商鞅の統一したものを継承したものと考えられる。

第二回の変法は、都を咸陽《かんよう》に遷《うつ》したあとに断行された。その内容は、分異令をさらに徹底させるために、家屋内での父子兄弟の同居を禁止すること、阡《せん》・陌《ばく》▲といった農道によって農耕地を区画整理し、民に再配分すること、従来からある集落の上に県を設置し、中央から官僚として長官・次官を派遣して統治させること、度・量・衡を統一▲すること、以上を規定した。

変法の実施が容易でなかったことは、第一次変法が実施されたとき、太子が変法を破るなどして、変法の実施が困難な状況に陥ったことなどをみても明らかである。第二次変法は、咸陽に都を遷すことによって変法の成果をより徹底しようとした。それは第一次変法では旧来の伝統的な慣習の排除が不十分であったためである。そこで遷都によって新たに中央の君主権を中心とする構造へと再構築しようとしたのである。さらに秦国全土に県制を施行して地方支配を世襲制から、それを否定する官僚制へと移行し、地方支配を中央に直属させた。第二次変法の、分異令の強化、阡陌による農耕地の区画整理と理解される規定も、この遷都にかかわるものとして解釈されなければならない。すなわち、咸陽への民の移住にともなって移住民へ田宅の供給が急務となっていたからである。したがって移住によって新築される家屋においても、第一次変法でめざされた小型家屋を力役徴発、徴税収取の単位とすることが要求され、民がそれらの負担を逃れるために成年男性(父子兄弟)を同一家屋に同居させることにたいしては、第一次変法の圧力的規定を全面的禁止へと強化したものと理解される。

婚姻単位としての家族は、春秋戦国期の変革をとおしてすでに族的結合を土台として存在していた氏族が個別化され、基本的には居住単位としての家族へと合致していった。その家族は、孔子の思想を理念的な起源として、商鞅変法によって、政治的単位へと編成されることになった。これ以降、集落の内部において居住単位としての家族は、集落という集団とどのような関係を形成しながら個別化、自立化を進めたのであろうか。それは、これまで考察するための史・資料の欠如によって残されたままとなっている、経済単位としての家族の変遷と居住単位としての家族との関係という問題と深くつながっている。

③—経済単位としての家族

秦・前漢初期の集落である里の構造

湖北省で近年、秦《しん》と前漢初期の法律文書があいついで発見された。一つは、前三世紀後半の秦の始皇帝《しこうてい》▲時代に地方の県の官吏であった者の墓から出土した睡虎地秦簡《すいこちしんかん》と呼ばれるもので、商鞅の時代から始皇帝の時代にかけて成立したと考えられている法律条文・条文解釈問答集・調書書式集などを記した多数の竹簡《ちくかん》である。もう一つは、これも地方の官吏の墓から出土した張家山漢簡《ちょうかざんかんかん》と呼ばれるもので、前漢初期の前二世紀前半に編集された法律条文集・判決問答集などを含んだ竹簡である。秦漢時代の法律は、その存在は知られていたものの具体的な条文はほとんどわかっていなかった。そのため、この発見は、例えば当時の人びととの生活、および政治・社会の構造などを解明するにあたっての重要な手がかりを提供するものとなった。両竹簡に記された法律の規定には異なる点もあるが、ほとんどは共通している。両竹簡から県およびその内部の構造をみてみよう。

▼**始皇帝**（前二五九～前二一〇）　本名は嬴政（えいせい）、戦国の六国を滅ぼし、中国をはじめて統一した。皇帝の称号を創設し、法家思想にもとづく中央集権化のために郡県制を採用し、文字・貨幣・度量衡・車の両輪の幅などの統一事業をおこなう一方、焚書坑儒（ふんしょこうじゅ）などの文化統制も断行した。

始皇帝は郡県制▲を採用して、中央集権的支配を実現したが、睡虎地秦簡の出土によってそれが確認された。また新たに判明された皇帝による地方支配の構造と統治内容は、以下のようであった。皇帝による地方支配は、法律条文を含めた各種の皇帝の命令が郡を経由して県に届けられることでおこなわれること、したがって地方政治は県を単位としていたこと、その県の官僚機構には、中央から派遣され、県の政治を監督・指揮する長官（県嗇夫《しょくふ》あるいは令）・次官（丞《しょう》・尉）と彼らに仕える県内で採用され令史によって構成される県廷と、長官・次官の監督・指揮下にあってさまざまな統治事項を担当する諸官とが存在したこと、その諸官は、長官として、これも県内で採用された官嗇夫とそれに仕える佐・史によって構成されていたことといった構造をもっていた。その県廷指導下の諸官は、農業生産・租収取・厩・徭役《ようえき》徴発・山沢禁苑▲・穀物倉庫・物品庫・工房・市・文書送付などの統治事項を管轄する機関として分立していたことが明らかにされ、また県廷は県内での裁判や官吏任免をおこなうことなどもわかってきた。

県内に存在する集落や家屋についても、両竹簡はその一部を明らかにしてい

▼郡県制　それまでの封建制にかわる地方行政制度。地域への国家支配をより集権化するために、世襲制を廃止し皇帝の手足となる官僚を中央から派遣し、国家がその官僚をとおして直接支配するようにした政治体制。清朝まで続き皇帝制度を存続させる基盤となった。

▼禁苑　国家あるいは王室・皇室の所有となった土地。とくに集落の周辺にあって人びとの生活を物資面で支えていた山川叢沢を、農民の共同利用は維持されたものの、それを囲い込んで国家は財政的な基盤にした。

睡虎地秦簡　湖北省雲夢(うんぼう)県出土。秦代の県の法律をあつかう下級官吏の墓から出土した竹簡。身をおおうように竹簡がおかれ、生前墓主がいかに大切に法律文書をあつかっていたかがうかがえる。内容は行政法が多く、県の機構や里の状況を知る手がかりとなる。

張家山漢簡　湖北省江陵県出土。漢代初期「二年律令」などの書物を副葬していた。出土位置からして墓主の法律にたいする関心は、「睡虎地秦簡」の墓主のそれとは違う。「二年律令」は刑法も多く、戸律など前漢初期の国家支配にとって貴重な資料。

県機構

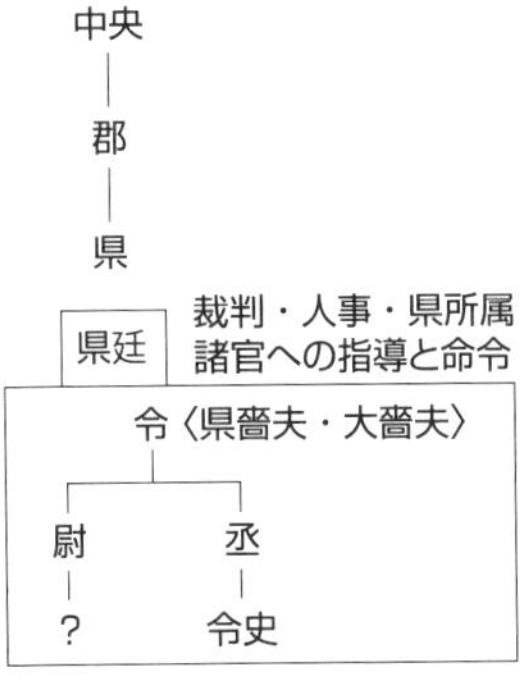

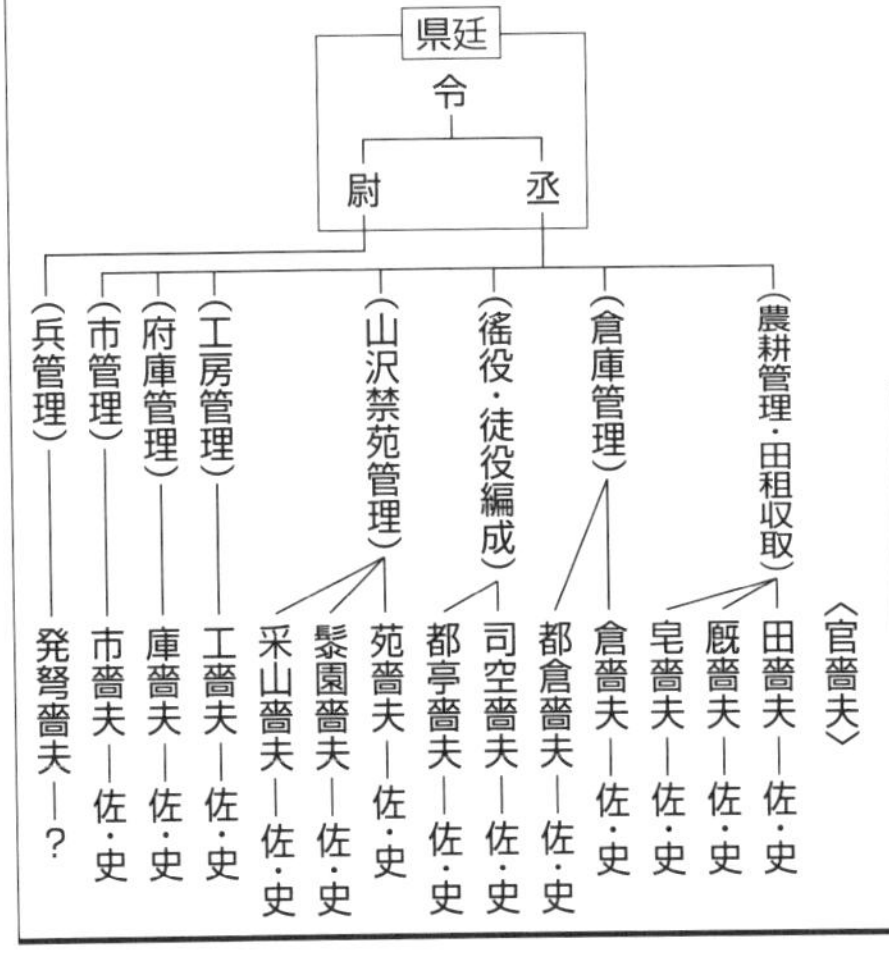

▼**里**　農民の居住する集落の最小単位。仰韶文化後期以降、集落は累層的に集められていたが、秦漢時代に国家はその最末端の集落を里として再編した。しかし里にあった地縁的な関係は前漢半ばころまでは存続し農民の生活を支えていた。

る。集落の最小単位は里《り》▲と呼ばれ、その里がいくつか集まって邑（郷）となり、また県となる。なかには一つの里が単独で存在する場合もあった。県には、県嗇夫あるいは令・丞・令史、郷には郷主（あるいは郷部嗇夫）が官吏として、里にはその代表者として典《てん》・老（張家山漢簡では老はみえない）が存在していた。

その集落である里の内部には、宇《う》と呼ばれる家屋があり、家屋と家屋のあいだを仕切る壁である垣によって宅地がかこまれていた。また里内には巷《こう》（あるいは街巷《がいこう》）という道があり、里が集まって邑（郷）を形成している集落では、里と里のあいだを仕切り、集落の里を取りかこむ壁として院が存在した。院によって仕切られた壁と里内の道との接点に里門が、その里が集まって形成されている邑（郷）には邑門が、県には県城の門がそれぞれ設けられていた。

里の内部では、里人は伍《ご》に編成され、連帯責任を負わされていて、商鞅変法の什伍制の存在が確認される（ただ什はみえない）。睡虎地秦簡には里人の家屋のモデルケースが示されている。それによると、垣にかこまれた宅地内に桑の木が一〇本植えられ、瓦葺きの屋根で二部屋をもつ家屋があり、室内には家具も備えつけてある。そこには、夫妻と子二人（成人女性と未成年男子）、臣・小

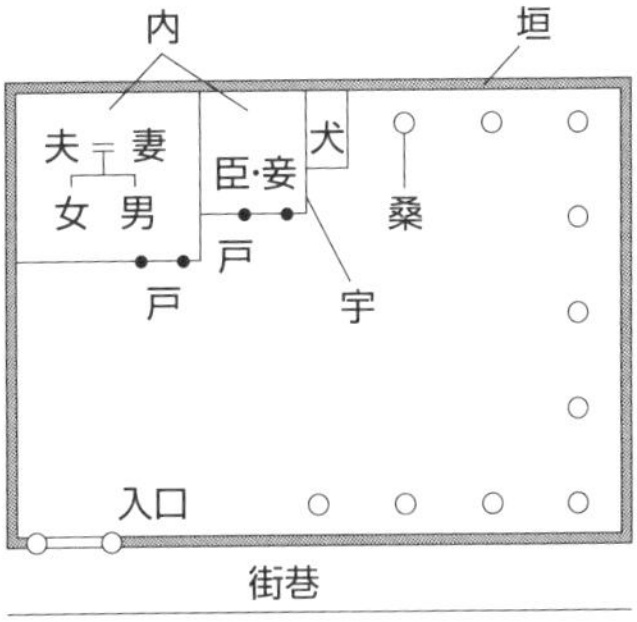

●「封診式」封守にみえる里人の居住形態（モデルケース）

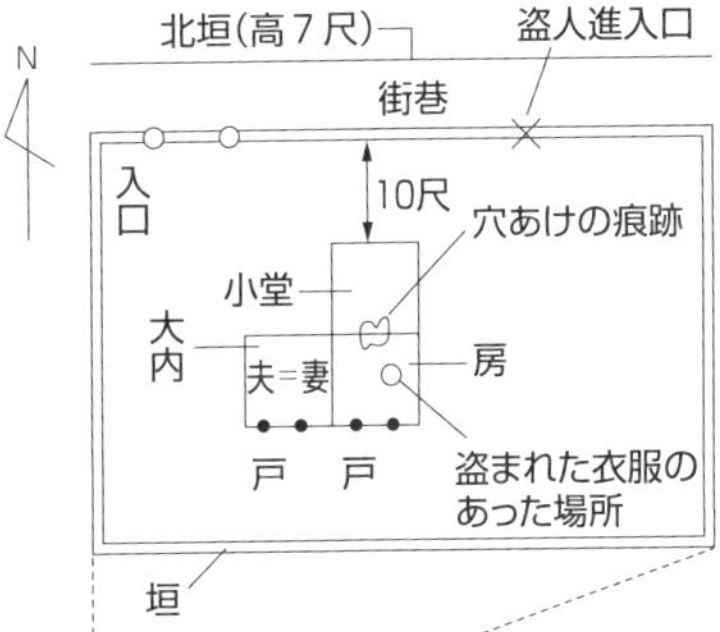

●「封診式」穴盗にみえる小型家屋

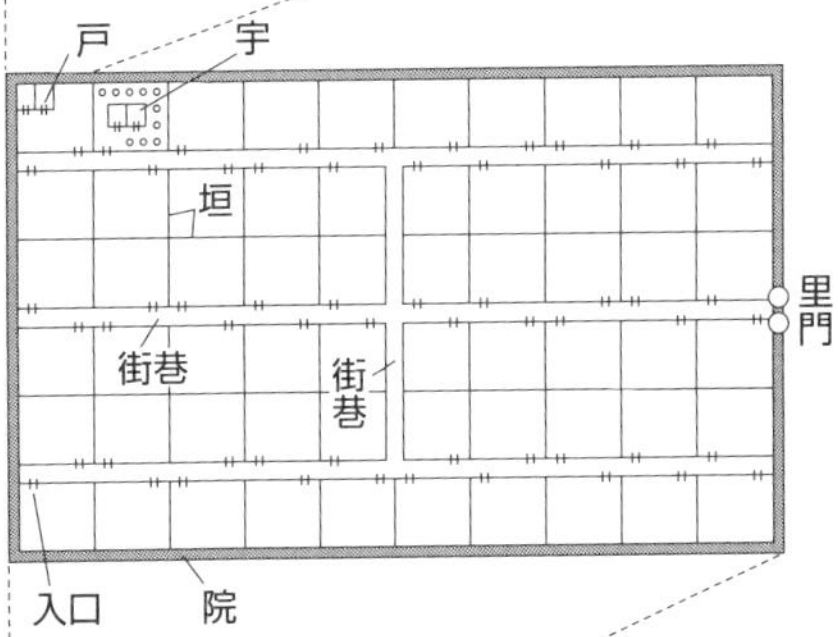

●「睡虎地秦簡」「張家山漢簡」よりみた里の構造（概念図）

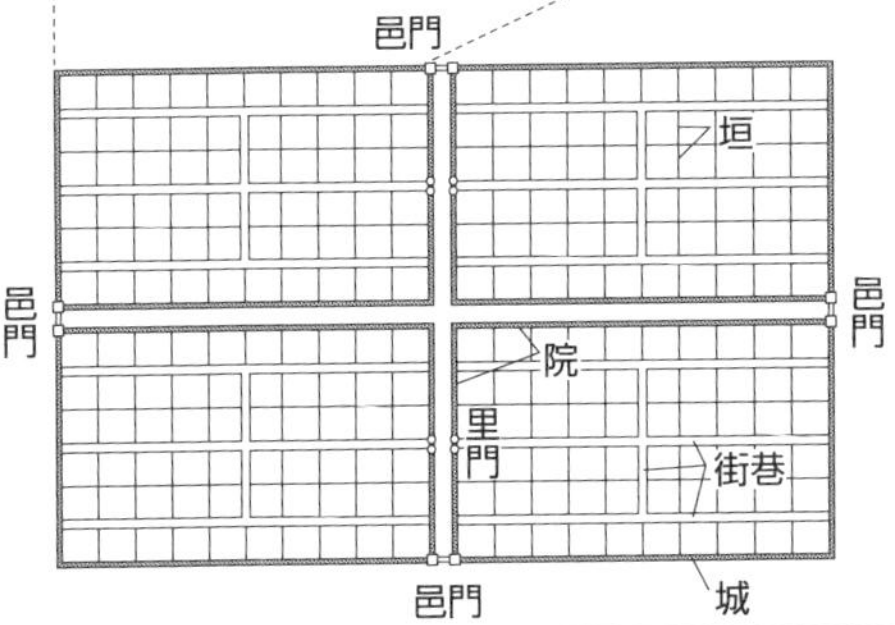

●「睡虎地秦簡」「張家山漢簡」よりみた邑（郷里）の構造（概念図）

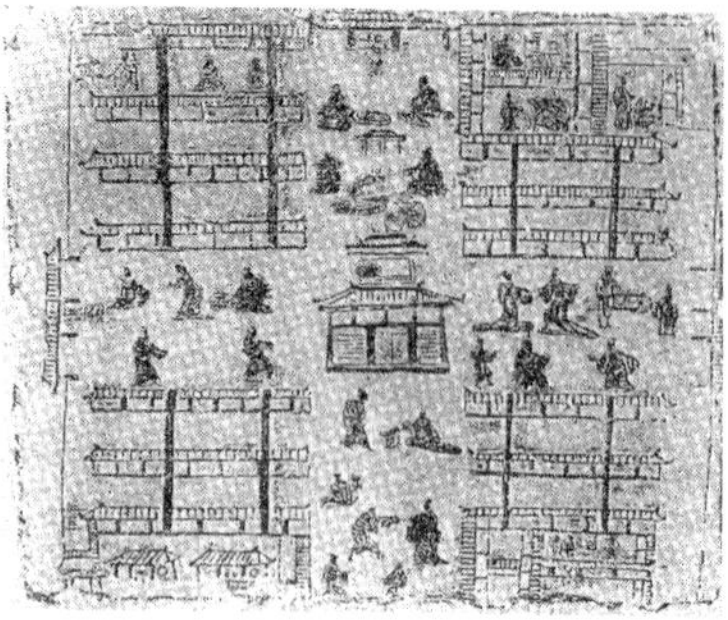

市図　四川省出土。市は壁でかこまれ、十字の道で区画されている。中央には役所、周りに長屋形式の店舗がみえる。

妾（男奴隷と未成年の女奴隷）各一人と犬一匹が居住しているというものである。これも商鞅変法の規定どおり、一家屋に成年男性一人となっている。もはや新石器時代以来の掘立柱《ほったてばしら》形式の半地下式住居ではなく、二部屋構成で床面積もやや広くなっている。ただ居住者数は奴婢を含めても六人と少数である。

こうした家屋をもった里人を編成した伍、それが複数集まって構成されていた里という構造をみれば、国家権力が里内にも浸透しているともいえるのであるが、一方で、その里を代表する典（あるいは老）の役割も注目される。例えば里門の鍵は、この典と、里（集落）の外に広がる農耕地を管轄する役割をもつ田典とがもち、その開閉を管理しているのであるが、なぜこの両者が同じ門の鍵を持ち合わせているのか。それは門を境界として空間的に区別される集落内とその外とで、国家権力による支配の仕方が異なっていることと関係がありそうなのである。その差異は、同じ道ではあるが邑内の道を郷部嗇夫が、邑門の外の道を田部嗇夫が管理するという、門の内と外とで管轄が異なるということにもあらわれている。国家支配のあり方は、居住単位としての家族がすでに政治的単位となっていることとともに、経済単位としての家族をどこに求めるのか

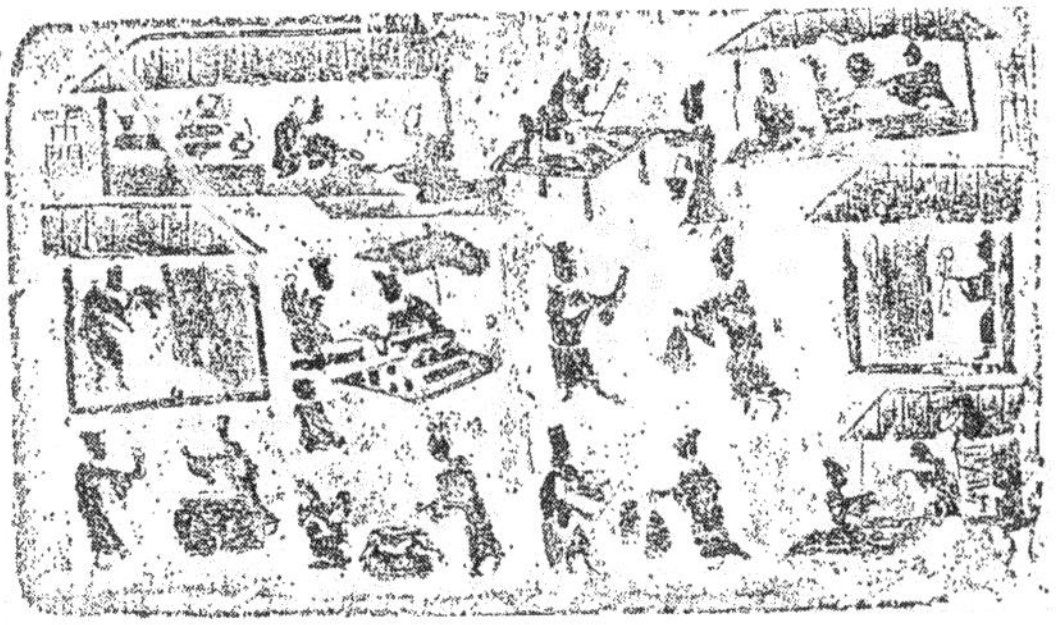

商人　四川省出土。市内の店舗。飲食店などもあり、商人との売り買いの風景がみえる。

という問題とも密接にかかわっている。そのためこの時代の国家支配の特徴をつぎにみることにする。

秦の農民支配の特徴

国家は社会を構成する全社会構成員を政治的に支配するのであるが、一般的に前近代の国家には、農業・手工業・商業といった社会的分業別にそれぞれ支配体制を区別するという一つの特徴がある。睡虎地秦簡からみる秦の国家支配の特徴にも、農民・手工業者・商人にたいして、国家が意図的にその支配の仕方を変えているという点などは確認できる。

まず商人支配について。商人は、原則として県城内で周囲を壁でかこまれた市のなかに限定されて活動していた。市では商人のみで伍が編成され、売上げにたいして徴収される市租などへの連帯責任が負わされていた。商人は市においてのみ国家支配の対象となり、移動時の関税などを除けば、市以外では国家支配の枠外に位置づけられていた。それは農民に与えられていた、戸として承認される「権利」（土地占有権の承認など）、あるいは家屋の取得や任官の資格も

車製造　山東省出土。中段に車輪をスポークにはめ、車を組み立てている工人たちの姿がみえる。

商人には与えられていなかったことにもあらわれていた。

国家が商人支配を農民支配と区別して農本主義をとるのは、自ら生産しない階級である商人の発生とその商業活動の活発化が、国家の存立基盤として、厳しい生産活動を日々の生活にしいられている農民の逃亡を誘発することになり、それが農民社会(邑)の秩序を崩壊へと導く危険性をもっているからである。そのため、国家は商人のみの籍である市籍に彼らを登録し、市で伍として封じ込め、戸・家屋・任官の権限剝奪によって商人を農民社会から排除する支配をおこなったのである。この商人への封じ込め・排除こそがこの時期の国家支配の特徴の一つであった。ただその一方で国家は富の獲得のために、つぎにみる手工業者の支配とともに、自らは積極的に商業活動に乗り出しているという側面も、国家権力を考えるさいには重要である。

つぎに手工業者への支配について。手工業者は、県の官営工房に労働力として直接編成されていた。手工業の主要な原材料の供給地、例えば漆や鉱物などの産地は国家的所有として囲い込まれ、そこで組織されている官営工房が漆や鉄を造り出し、近県の官営工房に、あるいは一般の手工業者に原料として供給

製鉄　山東省出土。左にふいご、中央では鉄の溶解がみえ、製鉄には多くの工人の協業が必要であった。

する。運び込まれた原材料を官営工房では加工して製品につくりあげる。原材料の供給や加工にかかわる工房では、技術をもった手工業者を必要とする。そのため常時工房で働く者を確保するほか、一般の手工業者にも年に一定期間工房で働く義務を負わせる方法で労働力を維持した。官営工房で製造された原材料や加工品は、国家機関に所有されたり民に貸与されたり、あるいは市で販売されたりして、国家に財政的な基盤となる富をもたらした。手工業はその富を短期的に、しかも計画的に生み出すため、国家はとくに高い技術をもった手工業者を逃さなかった。そこで手工業者を官営工房の工人として組織したり、徴発したりするために、県は手工業者個々人を登録した籍を作成して強力に直接的な支配を遂行していったものと考えられる。

このように国家は手工業者を直接囲い込むという支配をとった。それはまた、殷・周の王権が族的結合をもった青銅器鋳造集団を丸抱えしていたこととも共通している。鉱物の採掘・精錬、その加工などは、職業氏族があたっていた。その氏族組織の解体や、分業の進展による農民からの転身によって一般手工業者が出現する。また、これにはかたちを変化させながらも存続した職業氏族も

▼**名籍**　秦漢時代に個人の名・県・爵・里という本人の名と爵位・居住する県と里といった項目を登録した名簿。それが親族単位になったものに戸籍がある。秦漢時代は国家が民を把握するためにさまざまな帳簿を作成し厳格に保管していたが、制度的には未体系であった。

▼**田租**　穀物生産への課税。祭祀のための供え物の徴収を起源としていたが、戦国時代には穀物収穫量に課税することになる。課税率は収穫量の一〇分の一、漢代では三〇分の一(一五分の一のときもあった)となった。

あったであろう。それらを国家が官僚機構をとおして直接囲い込むことになるのだろう。

では、農民支配の特徴はどうなのであろうか。農民は、里内で伍に編成され、相互監視のもとに名籍《めいせき》▲が作成される。国家はそれにもとづいて農民から租を収取し、徭役・兵役労働として農民を徴発する。それは個別的な家屋が国家の政治的な単位となり、国家にとって財政的な基盤としての農民支配がもっとも重要なものになったことを示している。そのために農民の社会(里)を動揺させる要素をもつ商人にたいして、国家は封じ込めと排除によって、農民の社会を維持しようとするのであった。

農民の社会で維持されるべきものとは、当時の生産力段階に見合った農業生産のシステムを柱として形成される集落の内部の社会的諸関係そのものである。国家はその諸関係を一方で維持し、他方で利用して、農民支配を実現しようとする。それが法にも反映される。例えば租の収取において、県は集落(里)全体で作付けされた穀物の作柄を調査し、収穫の総量を把握して、里が負担すべき田租《でんそ》▲の総量を算出し、里はその田租の総量分を里内から徴収して県に搬入するという方法がとられた。ここでは里内の農民個々からの田租の徴収は里にまかされていることを意味した。また徭役の徴発についても、県は土木工事などに必要な労働力と日数を算出し、県内の各里に徭役として徴発する人数を割り当てる。その命令を受けた里では、里の代表者である典と老が里人のなかから人数分を最終的に指名することによって徴発が実現するという方法がとられた。

ここにみられるものは、農民社会として集落を形成している里において、その代表者である典や老と、里の一般構成員である里人とのあいだでなんらかの社会的諸関係が存在していて、国家はその諸関係には権力を介入させず、むしろそれを機能させることで農民支配を遂行しようとしている。この諸関係は、累層的な構造のなかに位置づけられていた最下で最小の単位の集落において、その累層的な構造が壊れ、君主権力(国家権力)のもとにそうした集落個々が再編成される過程のなかでも存在していたものであった。集落を構成する小型家屋は、理念的に、そして法的に国家支配の政治的単位になってはいても、集落内の諸関係は存続し、なおかつ小型家屋に居住する里人はその関係に依存していた。この構造が存続したのは当時の農業の生産力段階と密接な関係にあったためである。この諸関係とはどのようなものなのか。

鉄器と牛耕の出現がもたらしたもの

中国史における一大変革期は、春秋戦国時代だとされる。そう考える最大の原因は、鉄器の出現である。たしかにすでに西周時代末期には鉄器の鋳造が始められていた。他の地域が鍛鉄《たんてつ》▲から始まったのにたいして、中国が鋳鉄《ちゅうてつ》▲からであったのは、中国において高度に発達した青銅器鋳造の技術が鉄器製造に応用されたためと考えられている。ただ鋳鉄は青銅器と比較すると脆《もろ》いため、武器ではなく農具として使用されるようになった。この鉄製農具の誕生によってもたらされたという春秋戦国時代の大変革は、つぎのように語られることになる。

石・木器と比べ、鉄製農具の使用は深耕を可能にさせ、雑草の除去も容易にすることから単位面積当たりの生産力を上昇させる。また同じころ出現した鉄製の犂《すき》を牛に挽《ひ》かせる牛耕は、生産効率を飛躍的に増加させ、そのうえ開墾や水利工事にも威力を発揮したため、荒蕪《こうぶ》地《ち》をも農耕地へと変貌させ、農耕地は拡大していった。とりわけ戦国時代になると、鉄器と牛耕が普及したため、農

▼**鍛鉄**　鍛造で製作された鉄器。鉄材を熱しながら、ハンマーなどでたたいて変形させてかたちにする方法で、西アジアを起源として、ヨーロッパなどでもこの方法で製鉄が開始された。

▼**鋳鉄**　鋳造で製作された鉄器。高温で鉄材をとかし、それを鋳型に流し込んで成形する方法で、鍛造よりもかたちは自由になる。中国では世界でもめずらしくこの方法で製鉄が開始され、農具に採用された。ただかたくて脆い性質は改良が求められた。

業生産力と農耕地はさらに飛躍的に増大することになる。

鉄器と牛耕の出現は、こうした農業生産力の上昇をもたらすとともに、社会を大きく変動させる。諸集落を累層的な構造として結集していた旧来の社会にあっては、農業生産は、その構造に構成された最小単位の集落のなかの血族を核とする集団が、労働を協業させることで成り立たせていた。そのため集落の構成員が居住単位としての家族のみの労働によって耕作された農耕地からの収穫で生活したとしたら、その再生産は不可能なことであった。すなわち小型家屋に居住する家族は集団内での協業という労働形態に依存しなければならなかったのである。その意味で、経済単位としての家族は集団内の協業グループであったということになる。

しかし、鉄器と牛耕の出現によってもたらされた単位面積当たりの農業生産力の上昇と生産効率の増加は、小人数で構成される居住単位としての家族が、彼らのみの労働力で耕作できる広さの農耕地からえた収穫物によって、自分たちの生活を維持(再生産)させることを可能とした。もはや彼らが労働においてこの集団の協業に依存する必要性がなくなった。協業の必要がなければ、婚姻

鉄器　鉄製農具の鋤。一人の農夫の手労働用のもの。

牛耕　前漢時代の牛耕は、一人が牛担当で、この後ろに種まきと土をかぶせる作業をする二人がいる(二牛三人挽き)。

牛犂　この鉄犂は作条用で種をまく溝をつくるもので、土を攪拌するものではない。そのため耕起作業というもっとも生産効率の良い作業には適さない。

単位としての家族も個別化に向かっているなか、この集団は個別化に向かってさらに分解を進めることになる。鉄器と牛耕の出現によって氏族制度が分解され、小農民が析出される。その一方で累層的構造からの脱却をはたし相互の抗戦状態から勝ちぬいた専制君主(戦国の七雄)が、彼らを個別的に支配する。この物語こそ、中国古代における専制国家成立の有力な仮説を形成している。

もしこの仮説が成立するとすれば、本書でいう居住単位としての家族が、経済単位としての家族でもあることになるが、はたしてそうだろうか。たしかに鉄製農具と牛耕は、遅くとも春秋時代には出現していた。鉄製農具と牛耕の出現によって農業生産力が上昇することも事実である。ただそれが社会を変革させるとなると、鉄製農具と牛耕の一般社会への普及度、すなわち小農民階層(本書でいえば、居住単位としての家族)にまでそれらが一般化していたのか、という問題が重要となる。通説では、その普及は戦国時代にはいってからといわれ、その根拠は出土数が戦国時代から多くなるからだといわれる。

しかし一方で、規模の大きな農法となる牛二頭三人挽きではなく、相対的に小さな規模である牛一頭一人挽きの牛耕が出現してはじめて一般社会に牛耕が

中耕除草　農作業のなかでもっとも厳しい作業は中耕除草。ここに手労働用具としての鉄製農具が使用されている。

普及すること、また戦国時代のものとして出土する牛犂は耕起(耕す)作業用ではなく、種をまくための筋をつける作条作業用であるため、飛躍的な生産効率の増加とはならないとの考え方から、牛耕の普及は後漢《ごかん》時代ころとの有力な学説も存在する。また戦国時代の各国は、富国強兵をめざして穀物生産の増産をはかり、農耕地を拡大するために開墾と水利事業を推進した。そのため各国は、鉄器と牛犂を増産し民を徴発して土木工事を敢行したとすれば、このことは戦国時代から鉄器と牛犂の出土例が増加することとの説明にはなりうる。そう考えれば、とくに戦国時代の牛耕は、国家による大規模な開発のための利用と、それによって拓《ひら》かれた農耕地における最先端の農法の実施という側面にもっとも威力を発揮したものといえよう。

　そうした性格をもっていた牛耕より、鉄器出現のおよぼす一般農民への影響力の問題は、農民個々が手作業で使用し、それでいて深耕を可能とし、雑草除去も容易にしたとされるがために、手労働農具の普及度のほうがより重要となる。たしかに深耕は単位面積当たりの収穫量の上昇を期待できるが、鉄器導入いかんにかかわらず雑草除去は厳しい労働であり、耕起、播種《はしゅ》、除草、収穫などの農作業のなかには労働力を集中させる必要性も依然として存在していた。したがってその普及度とともに労働形態も問わなければならない。またこれらの問題は、依然として農民社会の集落(里)に存在し機能していたとする社会的諸関係と経済単位としての家族の問題とどうかかわるのか。

里内の社会的諸関係

里内に居住する農民は、国家権力によって伍に編成されていたが、そこには典(里典)・老(父老)といった里を代表する人たちがいて、彼らと里という集落をともに形成していた里人たちとのあいだにはさまざまな社会的諸関係が存在していた。その諸関係は、田租の収取や徭役・兵役の徴発といった国家の農民支配を実現するために機能した一面をもつとともに、里という集団に独自のまとまり、共同性といったものの存在を示唆するものでもあった。その共同性は、国家の支配機構の末端に位置づけられる一方で、睡虎地秦簡では「率敖《りつごう》」(里内の一般成員を率いるもの)と定義され、また、例えば『管子《かんし》』▲度地篇《たくちへん》では水利事業を管轄する官吏とは区別され、実際に工事をする里人を指導するという意味

▼**『管子』**　春秋時代の斉(せい)の桓公(かんこう)に仕え、桓公を覇者にさせた管仲の著作とされるが、大部分は、戦国時代の斉の学者集団である稷下(しょくか)の学士が著したもの。一部の記述は前漢にまでくだる。法家の影響がみられる。

での「率」をおこなう三老・里有司・伍長に相当するものとして位置づけられる里典の存在に象徴される。

睡虎地秦簡に残る秦代の法で確認できた、この典・老と里人とのあいだの諸関係は、かつて累層的構造の末端に位置づけられていた集落に存在していた共同体的な諸関係を起源とするものである。里は、新たに国家権力によって編成されるにあたって、しかもすでに里内の小型家屋を居住単位としている家族が、政治的単位である戸として把握されているという、その現実を受け入れてなお、その集落のまとまりを維持するための共同体的な諸関係を機能させていた。国家の側も農民社会を維持するために里内のこの諸関係を維持する意思を示した。なぜこの諸関係は存続し機能しえたのか。

里内の社会的諸関係を史料的に実証するのは困難であるが、農業生産と国家支配の関係からその痕跡を探ることはできる。睡虎地秦簡には、県に飼育されている官有の田牛にたいして厳しい検査を課す規定がある。この規定からは、県という国家機関が牛を使用することによって開墾し農耕地を拡大しようとする国家の意図が明らかとなる。さらにこの規定にみえる、牛が痩《や》せたかどうかという飼育状況への点検の厳しさは、牛そのものが貴重であることをも物語っている。それはまた牛耕が一般的には普及していない現状も示している。

またこの規定では、その貴重な牛を里にも貸し出していた。田典がこの牛の飼育にかんする責任を負わされ、国家は県のそれと同様に厳しい点検を田典に課した。それは国家が最先端の農業技術である牛耕を広めることによって富国につながる穀物増産をめざしたものであることは明らかであるが、個人単位でなく里単位で貸し付けている点、またその利用については里にまかせ、国家はそれに干渉しない点などから、里内における共同体的な諸関係が、牛の利用を独り占めさせず順番に利用させるために機能していたことをうかがい知るのである。

その構造は、田租収取においても、国家は個々の農耕地ではなく里全体の農耕地の作柄調査によって田租の量を確定し里に割り当てるまではおこなうが、個々の農民からの実際の租収取は里にまかせていたことにもあらわれ、それはまた徭役労働の実際の徴発にみえた構造とも類似していた。里で牛を管理する田典も、官吏とは区別され、里門の鍵をもつ存在(張家山漢簡による)であり、集落外を管轄するのではあるが、里典と同様の性格をもつものと理解することができよう。

里内に機能する共同体的諸関係の存在は、農業の生産力段階がその背景にあった。鉄製農具も県から里人(里単位でないことは注目される)に貸し出されるという睡虎地秦簡の規定をみても、鉄器と牛耕の出現は、秦・前漢初期においても里内の共同体的諸関係を崩壊させて、経済単位として小農民を析出させるまでの段階に生産力を押し上げてはいなかった。当時の生産力は、鉄器が戸単位で貸し与えられていることからすれば、農業生産の個別化が進行してはいるが、いまなお里の共同体的諸関係、すなわち耕起・播種・除草・収穫などの労働過程における相互援助を必要としていた段階なのであった。

秦・前漢初期の経済単位としての家族

秦・前漢初期における農業の生産力段階は、財産や土地所有問題にも反映される。財産にかんしてみると、婚姻によって同居する夫妻であっても、妻の嫁するときに所持した財産にたいしては妻の権利が認められていた。それは妻の父の権限に起因することではあるが、このことは、居住単位がかならずしも経済単位ではないことを示唆している。

土地所有問題では、睡虎地秦簡の、犯罪者の財産没収のための差押え文書が参考になる。そのさい、差押えの対象となっているのは、桑、家財道具を含む家屋、衣類、隷属民、家畜などであり、宅地・農耕地といった土地はそれに含まれていない。それは土地が、国家に財産として認識されている家屋や動産・隷属民とは区別されていたことを意味する。張家山漢簡では、犯罪者にたいして、財産とともに宅地・農耕地も没収の対象になっているが、依然として宅地・農耕地は財産とは区別されていた。国家は農民の土地利用にたいしては一定の特別な規制をもっていたのである。

睡虎地秦簡では見出せなかったが、張家山漢簡では、さまざまな規定の範囲内でとはいえ、宅地はすでに売買の対象となり、農耕地も、その用益権ではあるが移転の対象となっていた。では、放置されたり没収されたりした農耕地はどうなるのか。張家山漢簡にみえる法的な規定では、その犯罪者とまったく無関係な者が没収された農耕地の用益権を獲得することもありうるのであるが、通常は、ここにも里内に存在する経済単位が機能していて、犯罪者となんらかの関係のある、ともに経済単位を形成していた集団などが、こうした農耕地の耕作を継続させていたのではないだろうか。

したがって、なお困難がともなうものの、ようやく史料的に議論できるようになった経済単位としての家族は、秦・前漢初期においては、いまだ居住単位としての家族(里内の小型家屋に居住し、国家に戸として政治的単位に編成されている家族)とは合一していなかった。経済単位としての家族は、里内にいくつか存在する諸集団によって形成されていて、それらが集合して里全体の共同体的な諸関係を機能させていたことになる。

その諸集団の結合は、里内の祭祀にみてとれる。睡虎地秦簡では、里内でおこなわれる祭祀として家祠・里祠▲がみえ、それに参加する人物を里人弟兄・他人などと呼んでいた。おそらく家祠は里人弟兄という血縁関係者によって、また里祠は里内のそれら血縁関係諸団体が集まっていとなまれたものと思われる。この時期の経済単位としての家族を形成する諸集団とは、里祠に集う血縁関係諸団体全体か、もしくは家祠に集い同一の祖先を祀る血縁関係団体(それは親

▼**家祠と里祠**　集落での祭祀の種類。その家の先祖を祀るのが家祠、同じ集落に居住する人びとが社(土地神)を祀るのが里祠。これらの祭祀には集落内の結合の原理や社会的関係が息づいていた。

と兄弟、その夫婦およびそれらの子などによって血縁的に結合された集団）などが想定されよう（おそらくは後者）。例えば張家山漢簡では、一夫多妻型の血縁的関係者が、家屋を別にしながらも一つの宅地に居住する事例も見出せる。

　しかしこの里内の共同体的諸関係が機能していた里においても、階層分化が進んでいた。例えばそれは、里人の債務奴隷への転落となってあらわれる。そうなると里内の共同体的諸関係の崩壊が現実の問題となってくる。この階層分化は、里典などの里の指導層が、国家から貸与される牛の利用、徭役労働の実際の指名、田租の収取などといった共同体的諸関係を自己に有利になるように利用して私的な富を追求し、その私的な富の蓄積によって動産を所有することから開始されたと考えられる。里内の共同体的諸関係に依存していた国家は、それを抑制する律を制定し共同体的諸関係を維持しようとする。里典などの私的な富の蓄積も共同体的諸関係があってはじめて実現するものであるため、この階層分化の進展を抑制する律は里典などを抑圧することになるが、結果的には私的な富を追求する里典などの全般的な利益を擁護するものであった。その意味で経済単位としての家族の個別化への進行は、なお里内の共同体的諸関係

▼**前漢**（前二〇二〜後八年）　劉邦（りゅうほう）（前二四七〜前一九五）が項羽（こうう）（前二三二〜前二〇二）との楚漢戦争に勝利し、長安を都として建てた統一王朝。郡国制をとる。武帝は朝鮮半島北部、ヴェトナム北部、西域を領有化した。のちに外戚王莽（おうもう）（前四五〜後二三）によって帝位を奪われた。

▼**景帝**（在位前一五七〜前一四一）　前漢六代目の皇帝。諸侯王への抑圧政策を断行したため、諸侯王たちによる呉楚七国の乱をまねく。これを鎮圧することによって中央集権体制が確立した。

の枠に押しとどめられていたのである。

前二世紀後半の前漢《ぜんかん》▲前期の景帝《けいてい》▲のころの湖北省江陵県鳳凰山一〇号墓簡牘《かんとく》には、里正によって作成されたさまざまな文書が含まれていた。そのうちの徭役労働への里人の指名にかんする里正の手元控え文書(C類竹簡)▲、里から徴収した算賦《さんぷ》▲の合計額を里正が郷に報告する文書(五号木牘)▲、里正が納入する里の田租総量とその穀物別内訳文書(大竹簡)▲などからは、里正が里全体の田租・算賦を取りまとめていることや、里正が里内における徭役労働の編成をおこなっていることを明らかにする。この里正の行動は、睡虎地秦簡にみえる里典の役割と同じである。また貸与される種籾《たねもみ》の量・戸主の名・耕作者の数・家族数を記した鄭里廩簿《ていりりんぼ》▲(A類竹簡)からは、居住単位である家族(戸)が経済的にあまりに零細であるために、居住単位の家族のみで自己の再生産は不可能であることが推察できる。したがってここにみえる居住単位としての家族は経済単位ではありえない。もちろん地域的な偏差があり、先進的な地域も存在したとは思われるが、この時期にも、秦・前漢初期の状況は存続していた。

▼C類竹簡　里正が徭役労働を指名するさいの手控え文書。竹簡には「人名・一戸・某行・少一日(または已行)」の書式で、某行という徭役に指名し徴発されたが、少一日は、まだ一日分徭役労働を残していて、已行は規定の労働は終了している意。

▼算賦　秦漢時代の人頭税。賦はもともと兵役の徴収を意味していたが、それを銭納にかたちをかえたもの。成年男子一人当たり、年に一算である一二〇銭を徴収された。

▼五号木牘　里内全体で徴収した月ごとの算賦の総額を記した文書。

▼大竹簡　冒頭に里全体の田租の総量、つぎにその穀物別の内訳を記した文書。

▼鄭里廩簿　里人二五戸への種籾貸付文書。「戸主名・戸内の労働人数・戸員数・耕地面積・種籾賃貸量」という書式で、戸ごとの標準が百畝とされる耕地面積は、最大でも五四畝、最小は八畝、平均約二五畝という極めて零細な規模である。

④―中国古代における家族の成立

豪族勢力の台頭と集落内部の変容

この状況が変容に向かっていることを、可視的に示すものは里内における大型住居の出現である。それらは、おもに後漢《ごかん》▲時代に副葬品として製作された明《めい》器《き》や画像磚《せん》に描かれている。その住宅に居住するのは、いわゆる豪族である。すなわち豪族の出現が、この変容をもたらしたものであった。里内には二種類のまったく異なった住居が併存することになる。高楼建築と小型家屋である。それが豪族と一般農民との階級的差異を象徴するものとなった。もはや里内の共同体的諸関係は変質せざるをえない。この変容は地域的な偏差をともないながらも徐々に進行していった。前漢の武帝期に、董仲舒《とうちゅうじょ》が農民社会の貧富の差を問題としていることも、この変容のなかにあった。

秦代以降、貧富の差が徐々に拡大していた里内に、ついに田牛を所有する者が出現した。その前提には、牛を購入できる富の蓄積と、製鉄技術の向上による犂の軽量化にともなった牛耕における一頭一人挽きへの改良があった。田牛

▼後漢（二五〜二二〇年）　劉秀（りゅうしゅう）（前六〜後五七）が王莽（おうもう）の新を倒し、光武帝となって都を洛陽において漢を再興した国。建国に協力した豪族が大土地所有を展開し、外戚・宦官（かんがん）の政権争いが皇帝の権威を衰退させた。黄巾（こうきん）の乱によって国内は分裂し、曹丕（そうひ）（一八七〜二二六）が国を奪った。

牛耕　一牛一人挽きの牛耕の姿がみえ、牛耕の普及の基盤ができた。

▼買地券　後漢時代に耕地を購入するさいに、購入者がだれからどこにある土地を購入したかを記すもの。とくに土地の場所が、亭と阡・陌とで表記されることが多いことが注目される。集落外の国家機構がわかる。

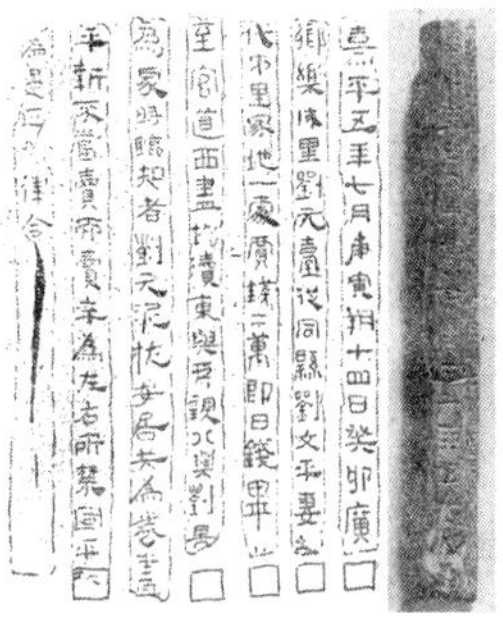

劉元台買地券　劉元台が劉文平の妻から土地を一万銭で購入した。

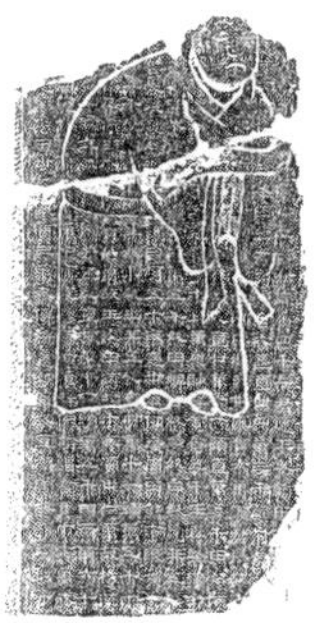

犀浦後漢残碑　四川省郫(ひ)県犀浦(さいほ)出土。二世紀前半期の碑。いくつかの戸の奴婢・田地・家屋・家畜などの価格が記され、質などの記述もある。これらは郷単位での財産調査の記載。

の所有を実現した者にとっては、牛の共同利用などに機能していた里内の共同体的な諸関係はもはや必要なくなった。こうして彼らは牛耕を利用しての個別な開墾などで農耕地の拡大をはかった。さらに彼らは蓄積した富でもって貧者に貸しつけ、債務超過の貧者から土地の用益権を収奪するなどして農耕地を拡大させた。後漢時代ではあるが、買地券▲の出現は、当時土地の売買が法的に認められていたことを示している。農耕地を広げた彼らは同族との結合を強化し、拡大した農耕地を同族結合によって経営し、自らの集団の経済力を拡大していった。この血縁関係で強く結びついた同族集団、これを豪族という。

豪族層は、農耕地のみでなく、集落である里の周辺の山林・池・沼・原野を囲い込み、独占した。そこは本来ならば里人によってその資源などが共同利用されていた場所である。そのため、里内に居住する一般の里人にとっては豪族の出現とその経済力の成長によって、その生活自体が圧迫されることになった。そして貧困化した里人は豪族とのあいだに貸借関係を結ぶ。それが債務となって宅地・農耕地を手放す。その後は、ある者は流亡したり、債務奴隷に身を落としたり、そうでなくても、豪族の経営する農耕地で労働力を提供する仮作《かさく》と呼ばれる存在になる。集落としての里の歴史において、これだけの変化はそれまでになく、里の風景も、先述したような高楼建築をもつ大型家屋の出現と、それとは対照的な、それまでどおりの、しかしやや荒廃の進んだ小型家屋との併存へと一変した。

　豪族層は、その内部で貧富の差が生じれば、同族の組織を媒介として富家が貧家を援助するなどして同族結合を強化する。後漢時代の史料である『四民月令《しみんがつりょう》』▲には、豪族の生活が記されている。ここには、豪族の血縁結合を示す語として「宗人《そうじん》」「宗族《そうぞく》」「婚姻」などや、地縁関係などを示す「父友」「郷党」「耆老《きろう》」などの語がみえ、豪族が血族を中心として地縁的にも幅広い関係を構築していることがわかる。しかし祭祀を重視する『四民月令』にあって里祠がみえないことはやはり重要で、それは豪族が、それまで大切にされていた集落における地縁的な関係よりも、自らの血縁関係を重視する姿勢を反映したものとも理解されよう。

　里祠とは、漢代では国家が祀る社のほかに、もともと里人が集落において祀っていた里社と同等のものと考えてよいと思われる。その里社について、前漢

▼**『四民月令』**　後漢後期、士農工商の四民がおこなうべき祭祀・行事・農作業などを『礼記』月令にならって崔寔（さいしょく）が著した書。後漢時代の豪族の生活を知るための貴重な史料である。

明器にみる豪族の邸宅

●河南省出土の邸宅(後漢中期)　屋根・部屋も多く回廊で結ばれている。

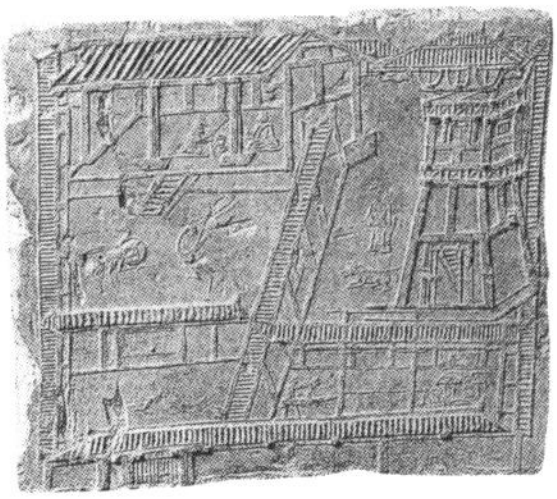

●四川省出土の邸宅(後漢後期)　回廊・中庭・望楼の構造をもち、飲酒・闘鶏を楽しむ生活がみえる。

●河南省出土の邸宅内の望楼(後漢後期)　聳え立つ望楼は里内でとくにめだつ。

●豪族の邸宅内の厨房　山東省出土(後漢後期)。天井から肉・魚、これらを切り分け、調理し、水汲み、まき割りなどと忙しく働いているようすがうかがえる。豪華な食事が豪族層に振る舞われる。

後半ころより変化が起こっている。『塩鉄論《えんてつろん》』▲散不足《さんふそく》篇は、富者は社などを祀らず勝手に自然を相手にした祭祀をおこなっていて、社を祀っているのは貧者のみであることを非難の意を込めて指摘している。ここからも里内の階層分化と、『四民月令』と同様に、富者（豪族）の地縁関係への軽視をみてとれる。『漢《かん》書《じょ》』▲五行志《ごぎょうし》の前漢後期の記事にも、私社を建てることを禁止する規定がみえる。私社の出現は、同族結合を強化する豪族が私的に社を建造してしまうことで、これは彼らが、ますます同族結合を強化するという意味での個別化、さらに同じ集落に居住していても、同族でない者にたいしての排他へと向かっていくことを示している。これは里内の共同体的な関係の変質にとっては決定的となる。

国家は、例えば武帝《ぶてい》▲期では酷吏を使って豪族を弾圧したりして、同族という意味での個別化を強化する豪族の横暴を抑圧する政策を実行した。しかし豪族層は、一族をつぎつぎに郡県の地方官吏に送り込み、さらには中央官界へと進出させ、そうした抑圧政策を実効力なきものにしていった。前漢晩期の哀帝《あいてい》のときに制定された、土地所有を三〇頃（約一三七ヘクタール）までに制限するなどとした限田法▲が、官界に多数存在する豪族一族の反対にあってついに実施さ

▼**『塩鉄論』**　前漢の宣帝期、桓寛（かんかん）の著作。武帝のとった新経済政策（塩・鉄・酒の専売、均輸など）の存続をめぐって昭帝時代におこなわれた、政府と民間の代表者による会議の記録を中心にまとめたもの。

▼**『漢書』**　前漢の歴史を紀伝体で記述した史書。八二年ころ後漢の班固（三二〜九二）が完成させた。『史記』が通史であったのにたいして、前漢一代の王朝史で、のちの断代史としての正史の先駆けとなった。『史記』とともに名文として知られる。

▼**武帝**（前一五六〜前八七）　前漢七代目の皇帝。中央集権化が確立され、対匈奴（きょうど）戦争を断行するなど対外的には拡張政策をとった。その戦費を調達するためにとった新経済政策は、農民を疲弊させ、その後の社会の混乱につながった。

れなかったことは、それを象徴している。このように豪族はしだいに経済力をつけつつ、徐々に政治勢力としても国家が意識せざるをえない存在になっていった。

▼限田法　哀帝（在位前七～前一）が制定した法。豪族などの大土地所有者から一般の小農民を保護するために土地所有を制限しようとしたが実施されなかった。この哀帝時代の混乱はやがて外戚王莽の王朝簒奪のもととなった。

家族の成立

いままでみてきたように、新石器時代後期ころより、集落が累層的に集められて一つの地域社会が形成された。その時代から、その最末端につねに位置づけられていた集落が、のちに里と呼ばれる存在であった。新石器時代以来、その累層的構造は、それを形成していた諸集落の離合集散によってさまざまな諸権力が累層的な構造を維持しながら興亡を繰り返していった。そうした興亡のなか、その累層的構造の末端の集落は、ときにその場所を移動させるなどの変化にみまわれたが、集落内の風景はほとんど変わらなかった。

春秋戦国時代という戦乱のなか、地域支配の方法が封建制から郡県制へと変わり、この累層的な構造が崩壊し、婚姻単位としての家族の個別化という波を受けて集落の構造も変化していった。しかし最末端の集落が形成する農民社会における小型家屋の群居する風景は、やはりほとんど変わらなかった。それが前漢代半ば以降より、そこに大型建築物が出現することによってはじめて一変した。豪族が誕生したためであった。集落である里をこえた豪族の経済的・政治的成長によって、その大型建造物は徐々に大きくなり、高楼建築も加わった構造をもつものもあらわれた。

共同体的諸関係が機能していた里内にあって、富を蓄積した豪族は個別に牛耕農法を使用し、農耕地を広げ、同族という血縁関係を中心とした個別的な経営を展開しはじめた。彼らは、もはや共同体的諸関係に依存せず、個別に、居住単位としての家族によって農業に従事して生活できる存在になった。一般農民のなかで、はじめて豪族は、それまで里内の諸集団にあった経済単位としての家族を、自らの居住単位としての家族に合一できたことになる。それ以前より婚姻単位としての家族の個別化への進行は、婚姻単位としての家族を居住単位としての家族にかぎりなく合一させてきた。したがって本書でいう家族の成立を最初に達成したのは、豪族ということになる。

個別的で血縁的な同族結合を強化する豪族の出現は、里内の地縁的な共同体的諸関係の必要性を喪失させ、それを崩壊へと導いた。この里内の変化は、豪族という同族関係の枠の外に存在する里人にも変化をもたらした。こうした里人たちの農業生産は依然として、この共同体的諸関係を必要としていたが、それが崩壊する現実のなか、彼らも経済単位を個別化せざるをえなくなった。里人は、経済単位としての家族を居住単位としての家族になかば強制的に合一させられた。こうして里内の血縁的な関係を核としつつも地縁的に形成されていた共同体的諸関係は、個別的な血縁関係にとって替わられたのであった。

中国の専制国家は、商人・手工業者・農民といった社会的分業にもとづいて、商人を封じ込めと排除によって、手工業者を直接に囲い込むことによって、農民をその社会で機能していた共同体的諸関係を利用することによって、それぞれ異なった支配の仕方を実行していた。本書でみた中国の婚姻単位・経済単位・居住単位としての家族の変容と成立は、それ自体で独自に展開されるものではなく、国家権力の支配の影響を受けることを特徴としている。そのため家族の変容は、国家支配のあり方の変遷ともつながっていた。

睡虎地秦簡の段階でも、農民社会の共同体的諸関係をゆるがす階層分化が発生していたが、国家はこのときは富者の全般的な利益を守るためにこの諸関係を維持した。そして前漢代半ば、豪族の出現、共同体的諸関係の崩壊という農民社会の激変にたいして、国家は当初、貧者を守るために豪族勢力を抑圧して、この諸関係の維持をめざした。しかしその政策は断念せざるをえなくなった。それは豪族勢力が官僚機構に進出してきたためということもあるが、より重要なのは農業生産力の段階、すなわち経済単位としての家族の個別化という現象が決定的となったためであった。国家は、土地所有についての完全なる法的な承認などにみられるように、豪族の存在を国家支配の前提として位置づけつつ、一方で貧農を債務奴隷への転落などから救済し農民社会を安定させる、新たな農民支配の方法を構築しなければならなくなった。

後漢時代の特徴の一つに、石碑の飛躍的増加がある。碑文の内容の多くは官吏の業績にたいする顕彰で、その官吏と関係の深い地方の有力者たちが資金を出し合って建碑したものであった。ここにも豪族の官僚機構への進出の影響をみてとれるが、この石刻資料のなかに国家の新たな農民支配のあり方を垣間みることができる。

石刻資料のなかには、その内容によって結弾《けったん》(単)碑《ひ》と呼ばれる一連の碑文がある。結弾(単)とは、豪族の台頭によってもたらされた徭役《ようえき》労働への徴発の不均等、その過重負担、および徴発の困難という社会問題にたいして、国家(県)がその解決策として選択した方法であった。それは、官有物を民間に貸し出したり、豪族より金銭を徴収したりして集めた資金をプールし、それを徭役労働の雇用にあてて、民の過重な徭役負担を軽減しその均等化をはかるというものであった。結弾(単)政策は黄河下流域で広まったようであるが、これによって社会問題となっていた徭役の過重負担は緩和され、貧富の差の調整もなされたという。この「善政」にたいして、その地の有力者層である豪族層が資金を出し合って建碑する。

国家は、貧富の差の調整のために単を結成し、豪族層による富の追求を抑制することになるが、豪族層はこの政策を支持する。それはこの政策が、個々の豪族の富の追求を抑圧することになるが、それによって社会は安定し、結果的には豪族が富を追求するというその構造自体を維持しようとするものだったからである。こうして国家は、居住単位・婚姻単位・経済単位の合一としての家族が成立し、それが豪族と小農民との階級関係として現出した農民社会を支配する方法を確立したのである。一方、ここに成立した家族はその後、豪族と国家権力の関係によってその形態などが規定されていくのである。

その後の家族の軌跡と現代

その後の家族は、中国史のなかで家族の成立を導いた豪族勢力の動静によって展開されていくのであるが、その展開の原動力は、族的結合という血縁関係の結びつきであった。

孔子《こうし》によってつくりあげられた、子が祖父母・父母にたいして孝をつくすという理念は、新石器時代後半より続いていた累層的構造が崩壊し、婚姻単位としての家族が個別化へ向かうなか、現実に父・母・子からなる居住単位としての家族が住まう小型家屋を政治単位として、新たな秩序を構築することを目的としたものであった。それを法的に実現させたのは、法家出身の商鞅《しょうおう》であった。これによって婚姻単位としての家族は、居住単位としての家族に政治的単位として合一される方向が明確に示されたことになる。

結弾（単）関連碑

侍廷里父老僤約束石券（後漢前半）　僤を結び、資金を出し合って父老職の経費を捻出する規定を記したもの。

魯陽都郷正衛弾（後漢晩期）　徭役不均等のために弾を結び、集めた資金で臨時に労働者を募り、その分の民の徭役負担を軽減した。

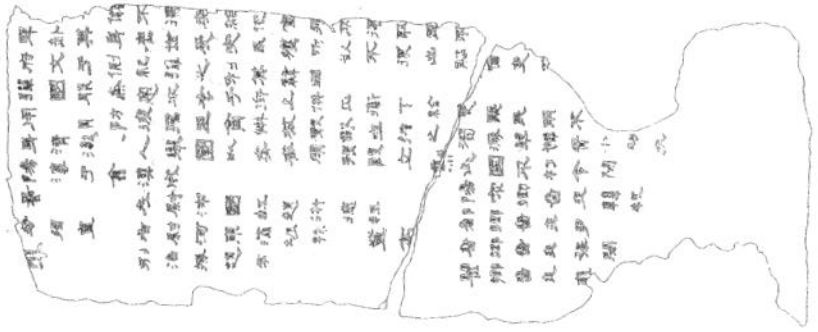

劉熊碑（後漢後期）　徭役過重にたいして、正弾を結び、貧富の差を調整して資金を出し合い過重で不均等な負担を軽減した。

張景土牛碑（後漢後期）　結弾ではないが、豊作を願う土牛の祀りに人・金の負担が過重なため、資金を拠出するかわりに徭役を免除することを願い出て、それが認められたことを記す。

結弾関係碑文関連地名

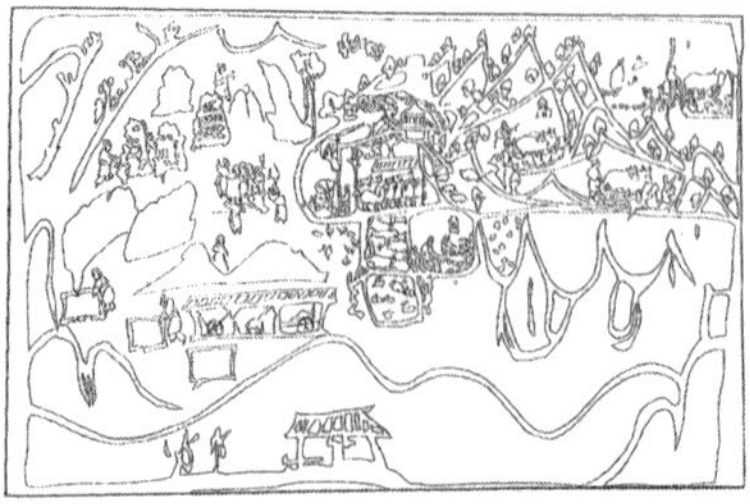

荘園図　内蒙古の和林格爾(ホリンゴル)県後漢墓。荘園内には牛耕・漁撈・牧畜・桑麻林業などが確認できる。

▼三族制家族　三族は親族の範囲を指す語。その範囲には父母・兄弟・妻子説、父族・母族・妻族説とがある。漢代の三族の刑は、父母・妻子・同産(兄弟)を範囲としている。三族制家族はこれらの親族が同居する、あるいは同居しないまでも経済単位として一体になっている家族を指す。

しかし当時の農業生産力の段階は、経済単位としての家族をいまだ個別化へとは向かわせなかった。春秋戦国時代に鉄器と牛耕が出現し、戦国時代にはいってそれらの積極的な利用が開始されたが、おもにそれは国家による大規模な開墾にかぎられていた。もちろん国家はさらなる富国をめざして、鉄器と牛耕を貸し出すなどの方策で、一般の農民への普及をはかった。しかしそれが経済単位としての家族を個別化へと向かわせるまでにはいたらなかった。とくに牛耕の農民社会への普及は、前漢時代半ば以降の豪族の出現を待たなければならなかった。したがってそれ以前の段階における経済単位としての家族は、里内の共同体的諸関係に依存しつつ、小型家屋がいくつか集まって成立していた血縁的な集団であった。その集団は親・兄弟とその子からなる三代にわたる親族の結合したものと推測された。

この集団は、のちにその一部が三族制家族▲という形態をとることになるが、当時は、もちろん商鞅の時代は禁止されてもいたが、同じ里内の小型家屋に分居していて同一家屋に居住するものではなかった。それが前漢時代半ば以降に私的な富を蓄積させた豪族は、同じ里に居住する里人への貸付けや個別に使用

邸宅図　山東省諸城県の後漢墓。

する田牛の購入などによって農耕地を拡大して、それを自己の経営に組み込んでいった。豪族はもはや里の共同体的な諸関係に依存することなく、同族結合に依拠した個別的な農業生産を可能とし、居住単位を経済単位と合一させることになった。家族が成立したのである。それにともなって里内では、いやおうなく他の、豪族との血縁関係のない里人も居住単位と経済単位との合一を迫られた。しかしその経営は苦しく、豪族経営への仮作となる者もあいつぎ、里内での豪族と小農民との階級関係を出現させた。

前漢時代半ば以降、とくに後漢時代に顕著となった農民社会における大型家屋の出現は、子が祖父母・父母にたいして孝をつくすという理念を、同一家屋への三族の同居というかたちで実現したものである。これが大家族形態として三族制家族と呼ばれるものであるが、それは豪族の経済力の大きさや同族結合の強さを象徴するものでもある。またこの三族制家族が、あるいはその展開した形態である累世同居家族が、後漢時代以降に比較的多くみられるようになるのは、そのころから儒学の影響力が大きくなったことと関係する。官界進出をもくろむ豪族たちが、祖父母・父母の権威を維持し、彼らにたいして孝養をつくすという儒学にもとづいた生活をしていることを郷里の人びとに可視的に強く印象づけようとしたためである。後漢の『四民月令』や北斉《ほくせい》▲の『顔氏家訓《がんしかくん》▲』からは、一般の小農民には無縁な、自給自足的な「荘園▲」経営をする豪族の姿も描かれている。

一方で国家もこの家族形態を奨励した。とくに唐律《とうりつ》▲(戸婚律)には、三族制家族を法制化し、子孫に兄弟とともに祖父母・父母との同居を義務づけている。その規定はのちの王朝にも受け継がれる。しかし現実はこの国家意思とかけ離れたところにあった。実際の家族の存在形態と関連する唐代の戸口調査をみても、一戸当たりの家族員はあい変わらず五人の小型家族であった。これは相続などの家産分割における原則として均分主義が存在していたためである。それは、日本において、家督相続をした者が本家として家を永続して守り、それ以外には少々の財産を分与し、分家として分出させるという家制度とは異なっている。中国には日本のような本家・分家の別はなく、父の家(本家)は、それを継承する父系出自であるすべての息子たちの家(分家)に均等に分割されて受け継がれる。したがって中国の農民社会では、豪族の出現、すなわち家族の成立

▼**北斉**(五五〇～五七七年)　南北朝時代の北朝の国家。北魏分裂後の東魏の宰相高歓(こうかん)(四九六～五四七)の子の洋(よう)(五二九～五五九)が鄴(ぎょう)を都として建国。当初は北周や南朝陳(ちん)を圧倒していたが、しだいに衰退して北周に敗れて滅ぶ。

▼**『顔氏家訓』**　顔之推(がんしすい)によって六世紀末に完成した書。家庭生活の心得、子孫への訓戒、学問から処世術まで、幅広い内容をもつ。六朝期の貴族の生活や思想を知るための貴重な書。

▼**荘園**　中国史で荘園という場合は、唐代中期以降の山沢を独占する貴族の大土地所有を指すのであるが、その先駆として後漢時代、一部に山沢を独占する豪族が出現し、その壮大さは荘園と呼ぶにふさわしい。

▼**唐律**　唐代の刑法典。その勅撰の注釈書に『唐律疏議(とうりつそぎ)』がある。律令格式のうち律のみが完全なかたちで残っている。唐律は、高祖の制定した武徳律と貞観時代に

成った律五〇〇条によって基本が定まった。

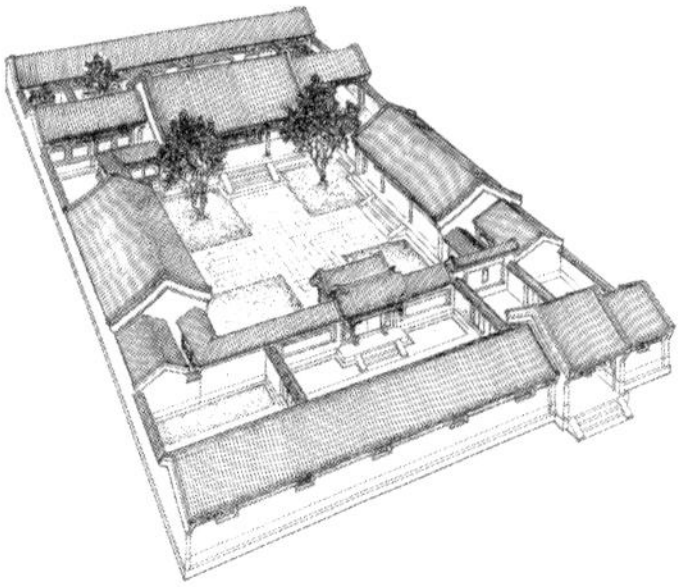

▼**四合院**　北京などの中国北部の代表的民家のこと。□の字型の家屋で、中央に中庭の露天空間をもち、その周りを取り囲むように民家が配されるという特徴がある。

以降、大家族形態が国家の奨励のもとに展開されるなか、大多数の農民は血縁関係を意識しながらも、小型家屋に少人数で暮す家族形態をとったのである。

小型家屋に分居する農民家族を、大家族形態をとる豪族と比較するとその血縁関係は一見するとバラバラに感じるが、彼らは生活用品や生産用具、農作業などにおける相互援助を日常的におこなう関係を維持していた。彼らが費用を平等に分担して、その関係の永続性を確認するためにおこなわれる祖先祭祀にも、その血縁関係の強さは明確にあらわれている。そうした父系出自の血縁関係で結ばれた集団を宗族《そうぞく》と呼ぶが、家族が成立して以降の前近代の中国では、この宗族が基本的な社会構造となりつづけた。いまも北京などに残る、共有する井戸のある中庭を中心に、それを居室が取り囲むといった四合院《しごういん》▲建築は、宗族の一つの存在形態を示している。

近現代の社会は、原則として、婚姻を個人の自由意志のみに委ねられることとし、家族の関与から解き放った。経済は工業化の進むなか、家族を支える経済単位は工場など家族の外に移り、多くの家族員個々は賃金労働者となって工場へと通勤することとなり、個別経営をする農民・商工業者を除く大多数の家族は、経済単位としてのその位置を放棄せざるをえなくなった。家族にはもはや居住単位としての家族という側面のみが残り、また生計をともにするという意味での「経済的」な単位へと変貌した。それは多くの困難を乗りこえて歴史的にやっと人びとが手にいれた自由によって、ともすると個人の自由の妨げともなっていた「封建的な」家族および家族制度から、個人の自立を支える居場所へと変貌したことを意味した。

しかし現在、家族をめぐるさまざまな問題が発生している。これを歴史的にみると、自立して社会性をもった個人が集まって形成されたはずの家族が、地域社会から孤立してしまった存在になっていることにも起因している。しかしここにきて、中国社会では、文革▲の時代などで一時衰退していた宗族に復興の兆しがあるという。地域社会との関係において、地域社会の主体性を活性化する力が血縁関係のなかにいまなお潜在化しているのかもしれない。

愛情を伝達するという機能をもつ家族は、主体的になにを社会に働きかけ、社会との関係性を孤立状態からどう再構築していくのか。それは日本の現代社会の問題でもある。

▼文革　文化大革命・プロレタリア文化大革命ともいう。一九六六年から約十年つづく。毛沢東(一八九三～一九七六)が主導し、共産主義の新しい道をめざすとされ、世界的な影響力をもったが、結局は大衆を動員した権力闘争で、国内を大混乱に陥れた。

参考文献

飯尾秀幸「中国古代における国家と共同体」『歴史学研究』五四七　一九八五年
飯尾秀幸「中国古代の家族研究をめぐる諸問題」歴史科学協議会編『歴史における家族と共同体』青木書店　一九九二年
飯尾秀幸「中国古代の法と社会」『帝国と支配』（岩波講座世界歴史5）岩波書店　一九九八年
池田雄一『中国古代の聚落と地方行政』汲古書院　二〇〇二年
宇都木章「宗族制と邑制」『古代社会の構造 上』（古代史講座6）学生社　一九六二年
宇都宮清吉『漢代社会経済史研究』弘文堂　一九五五年
江守五夫『家族の起源』九州大学出版会　一九八五年
太田幸男『中国古代国家形成史論』汲古書院　二〇〇七年
尾形勇『中国古代の「家」と国家』岩波書店　一九七九年
岡村秀典『中国古代王権と祭祀』学生社　二〇〇五年
影山剛『中国古代の商工業と専売制』東京大学出版会　一九八四年
加藤常賢『支那古代家族制度研究』岩波書店　一九四〇年
楠山修作『中国古代史論集』（新版）私家版　一九九〇年
マルセル・グラネ（内田智雄訳注）『中国古代の祭礼と歌謡』（東洋文庫）平凡社　一九八九年
五井直弘『漢代の豪族社会と国家』名著刊行会　二〇〇一年
佐竹靖彦『中国古代の田制と邑制』岩波書店　二〇〇六年

滋賀秀三『中国家族法の原理』創文社　一九六七年

瀬川昌久『中国社会の人類学』世界思想社　二〇〇四年

多田狷介『漢魏晋史の研究』汲古書院　一九九九年

谷口孝之『中国古代家族制度論考』東海大学出版会　一九八九年

豊島静英『中国における国家の起源』汲古書院　一九九九年

仁井田陞『中国の農村家族』東京大学出版会　一九七八年

西嶋定生『中国古代帝国の形成と構造』東京大学出版会　一九六一年

西嶋定生『中国経済史研究』東京大学出版会　一九六六年

堀敏一『中国古代の家と集落』汲古書院　一九九六年

増淵龍夫『中国古代の社会と国家』（新版）岩波書店　一九九六年

松丸道雄・永田英正『中国文明の成立』（ビジュアル版世界の歴史5）講談社　一九八五年

松丸道雄ほか編『中国史1』（世界歴史大系）山川出版社　二〇〇三年

守屋美都雄『中国古代の家族と国家』東洋史研究会　一九六八年

兪偉超（鈴木敦訳）『中国古代の社会と集団』雄山閣出版　一九九四年

好並隆司『秦漢帝国史研究』未来社　一九七八年

クロード・レヴィ＝ストロース（荒川幾男ほか訳）『構造人類学』みすず書房　一九七二年

渡辺信一郎『中国古代社会論』青木書店　一九八六年

図版出典一覧

西安半坡博物館・陝西省考古研究所・臨潼県博物館『姜寨——新石器時代遺址発掘報告』上・下　文物出版社　1988　4, 6, 7
中国社会科学院考古研究所編『中国考古学——夏・商巻』中国社会科学出版社　2003　17, 24
四川省地方志編纂委員会編『三星堆図志』四川出版集団・四川人民出版社　2005　19
李学勤主編『中国美術全集　工芸美術編 4　青銅器上』文物出版社　1985　29
滕銘予『秦文化』学苑出版社　2002　35
郭沫若『石鼓文研究』科学出版社　1982　43
山東省文物考古研究所編『中国臨淄文物考古遥感影像図集』山東省地図出版社　2000　46
丘光明編著『中国歴代度量衡考』科学出版社　1992　47
雲夢睡虎地秦墓編写組『雲夢睡虎地秦墓』文物出版社　1981　51右
『文物』1985年 1 期　51左
高文編『四川漢代画像磚』上海人民美術出版社　1987　54, 55
王仁波主編『秦漢文化』学林出版社　2001　56
白雲翔『先秦両漢鉄器考古学研究』科学出版社　2005　57, 75左下
孫機『漢代物質文化資料図説』文物出版社　1991　61
杜石然主編『中国科技史　通史巻』科学出版社　2003　75左中
陳文華編著『中国農業考古図録』江西科学技術出版社　1994　62左
夏亨廉ほか編『漢代農業画像磚石』中国農業出版社　1996　62右, 63, 84
周昕『中国農具発展史』山東科学技術出版会　2005　72
『文物』1980年 6 期　73右
『文物』1974年 4 期　73左
河南博物院編著『河南出土漢代建築明器』大象出版社　2002　75右, 左上
兪偉超『中国古代公社組織的考察』文物出版社　1988　83右上, 右中
『文物』1966年 4 期　83左上
『文物』1963年11期　83左中
『文物』1981年10期　85
北京美術撮影出版社編『北京四合院』北京美術撮影出版社　1993　87, 扉
傅熹年主編『中国美術全集　絵画編 4　両宋絵画下』文物出版社　1988　カバー表
『中華古文明大圖集　第二部　神農』宜新文化事業有限公司・樂天文化有限公司　1992　カバー裏

著者撮影　27

世界史リブレット87
中国史《ちゅうごくし》のなかの家族《かぞく》
2008年1月31日　1版1刷発行
2025年8月30日　1版4刷発行
著者：飯尾秀幸《いいおひでゆき》
発行者：野澤武史
装幀者：菊地信義
発行所：株式会社 山川出版社
〒101-0047　東京都千代田区内神田1-13-13
電話　03-3293-8131(営業) 8134(編集)
https://www.yamakawa.co.jp/
印刷所：信毎書籍印刷株式会社
製本所：株式会社 ブロケード
ISBN978-4-634-34870-7